私たちは市民金融を作った

女性・市民コミュニティバンク 理事長
向田映子

お金を持ち寄り、
市民事業を支援した
1000人の軌跡

女性・市民コミュニティバンクの実践

はじめに

女性・市民コミュニティバンクは２０２４年6月の総会をもって、約27年の活動・事業の幕を閉じることにしました。

この本は、手本のない中、理想の金融機関作りに、共に挑戦し、歩んだ１０００人――設立に賛同し出資金を拠出した方、融資を受けて市民事業を立ち上げた方、自分の経験が役に立つならと事務局に参加した方、プロボノで知識や技術を提供してくれた方、知恵を出し、励ましてくれた方々の物語の記録です。

解散を決めた２０２１年の総会で、会員（出資者）から寄せられた「残念である」という意見と共に共通していたのが、「かかわれたことが自分の誇り」でした。

・女性が中心となった市民事業への社会理解が進んでいないころから、女性・市民コミュニティバンクの役割は大きかったと思う。ワーカーズ・コレクティブとしても安心感があった。

・ここまでよく頑張ってこられた。大きな役割を果たしたと思う。

・「もしもの時は女性・市民コミュニティバンクがある」という安心感で20年間を過ごしてきた。

・初めての試みに参加したことを誇りに思う。
・信頼と共感に裏打ちされた「人間的な金融」の実践は苦労も多かったと思うが、ゴールまで走り抜けてほしい。
・大きな困難に遭いながらも市民事業の光になってくれた。
・皆さまの努力に敬意と感謝を送る。「ヒト・モノ・カネ」は何をするにも必要な要素だが、望む社会、そのあり方は、市民の可能性に委ねられていると思う。

考えてみれば、私たちは子どものころ、お年玉を貯金すると「おりこうさん」と言われ、貯金することは良いことだと教わりました。しかし、「お金」について語ることは「はしたないこと」と、家庭でも、学校でも、「お金」について語ったり、学んだりする機会はありませんでした。貯金から先のこと、そのお金はどこにいっているのか、何に使われているのか説明を受けたことはありませんでした。また、考えてみたこともありませんでした。

それらのベールが剥がされ、これまで隠されてきた金融に関する問題が一気に噴出し、人々の目に曝され、金融の実態に市民が気付くきっかけになったのが１９９０年代のバブル崩壊でした。金融機関は、情報公開も説明責任も果たしてこなかったことに、やっと気が付いたのです。

銀行は大企業優先の融資を行い、政府の産業優先化政策の実現に協力してきました。郵便貯金も財政投融資資金として国の特別会計や公庫等に回され、スーパー林道や巨大プロジェクト、人権侵害・自然破壊を引き起こしているODA等に使われてきました。

こうした事業に反対していても、私たちは皮肉にも、預貯金によって資金を提供してきたことになります。

一方、1980年代から、女性たちが〝ワーカーズ・コレクティブ〟という働き方で、自分たちで出資し、自分たちのリスクで事業を起こす市民事業が誕生していました。市民事業というのは、地域に住み・暮らす人々が生活者の視点から地域に必要な「もの」や「サービス」を作る事業で、保育園や高齢者の生活支援やデイサービス、レストラン、リサイクルショップ等生活領域に広がっています。事業には資金が必要ですが、不足する資金を金融機関から借りようとしても、女性だからと融資を受けることはできませんでした。「女性には貸すな」というのが金融業界の鉄則でした。女性は家庭や地域でアンペイドワークを担い、収入もなく、それゆえに資産や不動産も夫名義だから、というのが金融機関の認識でした。

しかし、バブル崩壊で相次いだ金融機関の破綻の一因が、融資について、その事業が成功するか否かで判断するのではなく、担保に見合った不動産の有無であったことは皮肉なことでした。

自分たちを信用してお金を貸してくれる銀行が欲しいというのが、女性たちの切実な思いでした。

そこで、私たちは黙っていないで行動する、なかったら作ればいいと金融機関作りに挑戦することにしました。その金融機関は、女性を中心においた、透明性の高い、非営利・協同の金融機関です。

1998年、手本のない中、まずは信用組合作りに取り組みました。賛同の呼びかけに対し、元本保証も配当金もないという条件にも関わらず、「こういう銀行を待っていた」と出資金が集まり、半年後には出資金は3000万円になっていました。設立の認可を得るために、神奈川県金融課の担当者と折衝し、書類を作成し、小さな信用組合を訪ね、現場で教えを請いました。

しかし、県との折衝はなかなか進みませんでした。そこで、信用組合でなくても融資ができる金融として、現代版の頼母子講《たのもしこう》を貸金業登録して行うことにしました。1998年8月、集まった出資金を原資とする貸金業による融資と、信用組合設立認可活動の2本立ての活動の開始です。同年12月、初めて保育園への融資を行い、レストランやお惣菜の店、リサイクルショップなどの市民事業に融資を展開していきました。融資先はすべて、ニュースレターやホームページで公開しました。

しかし、県との折衝が進まないうちに、デフレが進行し、利ザヤが薄くなっていったことから、2009年、信用組合の設立は一旦休止することにしました。

一方、市民事業の分野では、営利企業が強大な資本をバックに進出し始め、ワーカーズ・コレクティブの新規設立や違う分野への展開が鈍くなっていき、また、政府系金融機関が積極的にNPOへの低利融資を開始し始めたことが影響して、女性・市民コミュニティバンクへの申し込みが減少していきました。

このような状況から、2020年の総会で、女性・市民コミュニティバンクは解散することを決定しました。

第7回総会終了後に会員と。

　しかし、市民が１億２０００万円を出資し、それを基に、２０３件、６億８４８６万円を融資したことで、市民事業の立ち上げや拡大再生産に寄与することができたのです。市民のお金が約６倍の価値をもって地域を循環し、雇用を生み出し、街づくりに寄与したのです。

　女性・市民コミュニティバンクを閉じるに当たり、設立時の思い、様々な模索、27年間の挑戦と成果を、市民の誇りある財産として、記録に残すことにしました。

　あらためて、関わって下さった大勢の方々に感謝申し上げます。

もくじ

2 寄稿

——女性・市民コミュニティバンクにかかわった方々からのメッセージ——

出資者からの声

融資先からの声

3 資料編……105

※本文中の肩書き・組織名は当時のものです。

1

私たちは市民金融を作った

お金を持ち寄り、市民事業を支援した1000人の軌跡

～女性・市民コミュニティバンクの実践～

女性・市民コミュニティバンク 理事長

向田映子

女性・市民コミュニティバンクの概要

女性・市民コミュニティバンクは、信用組合設立を目指し１９９６年から活動を開始しました。コミュニティバンクというのは、市民からの出資金を基に、「貸金業」によって、県内の市民事業などに融資をする「助け合いの金融」です。こうした金融は、「市民金融」や「ＮＰＯバンク」とも称しています。

私たちは、女性・市民に対して融資し、融資先はニュースレターやホームページで公開する、透明性に価値を置く運営を行ってきました。

出資金は１口10万円、元本保証はなく、出資配当も行っていません。２０２３年３月末で、会員数４０２、そのうち個人が３３３人、団体が69、出資金総額は９４０７万円。設立以来２０３件に融資し、その合計額は６億８４８６万円になります。

なぜ、女性・市民コミュニティバンクを立ち上げたのか、なぜこ

融資・回収のしくみ

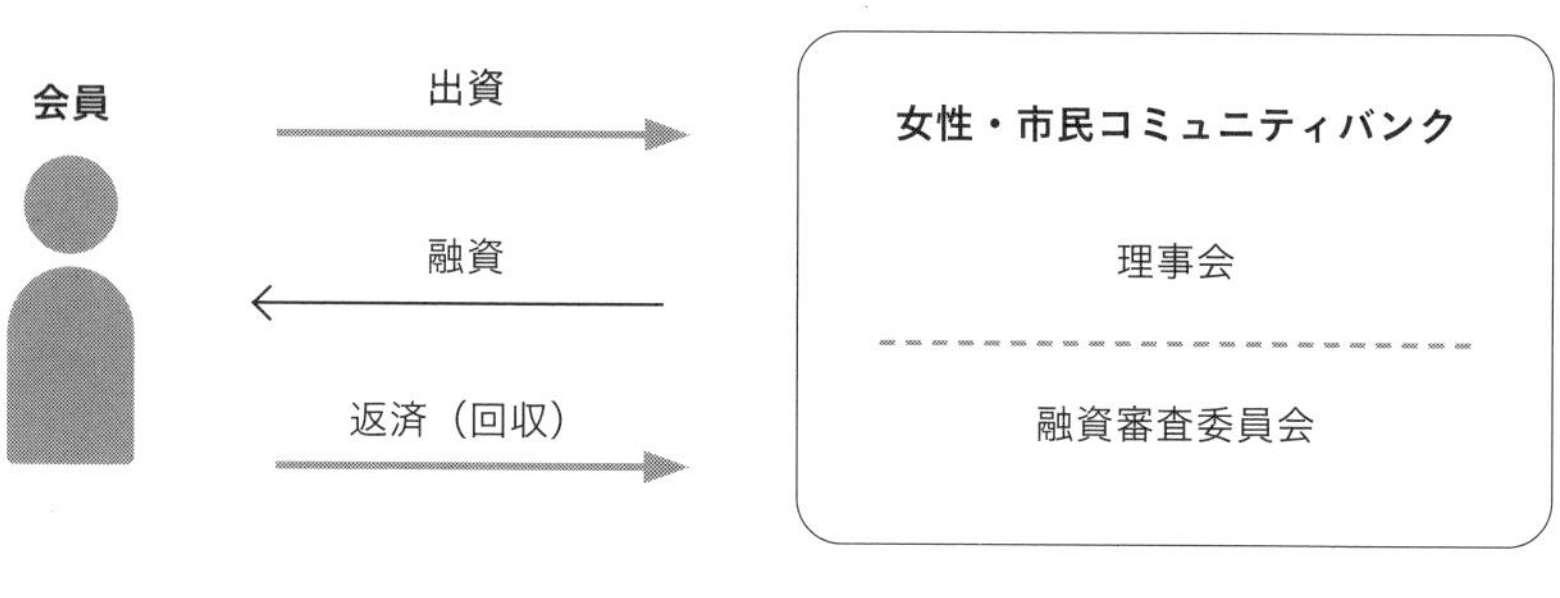

れだけ出資金が集まったのか、融資がこれだけできたのか。そして、なぜ一件の貸し倒れも延滞も発生しなかったのでしょうか。

設立の背景

バブル崩壊（１９９０年代）で、気が付いたこと

日本は世界一預貯金の多い国です。国民は国が頼りにならないからとコツコツ蓄えてきたのですが、預けたお金の使いみちには無関心でした。

金融機関は何をしてきたのでしょうか。

これまで隠されてきた金融に関するもろもろが噴出し、人々の目に曝《さら》され、金融の実態に市民が気付くきっかけになったのがバブル崩壊でした。金融機関は、情報公開も説明責任も果たしてこなかったことに、やっと気付いたのです。

その真っ只中の１９９６年、元生活クラブ生活協同組合神奈川理事長で社会福祉法人の理事長等をしていた横田克巳さんの発案で、神奈川ネットワーク運動、神奈川ワーカーズ・コレクティブ連合会、生活クラブ生協神奈川、福祉クラブ生活協同組合で活動していた７人が集まり、「女性・市民バンク（女性・市民コミュニティバンクの前身）設立準備

世話人会」を立ち上げました。代表には向田映子が就任しました。しかし、当時の金融に怒りや疑問を持ってはいたものの、金融には全くの素人だった向田は、この後、必死に金融、会計について学ぶことになりました。

〈女性・市民コミュニティバンクの立ち上げに参加した団体〉

■生活クラブ生活協同組合神奈川（以下：生活クラブ生協）

１９６５年に牛乳の共同購入から始まった生活協同組合。組合員の自己決定・自主管理を基本に据える生協。生産から廃棄まで責任を持つ生活者として、消費材の開発、共同購入に取り組んできた。環境問題、地域福祉等にも取り組む社会運動体でもある。神奈川県の他、20都道府県に単位生協がある。

■神奈川ネットワーク運動

合成洗剤追放の石けん運動をきっかけに、生活クラブ生協の組合員が中心になって設立した地域政党。カンパとボランティアによる市民選挙で、１９８３年に初めて川崎市議会議員を誕生させた。政治に参加する市民を増やし、市民の自治力を高めることをめざしている。

■神奈川ワーカーズ・コレクティブ連合会（以下：神奈川ワーコレ連合会）

神奈川県内のワーカーズ・コレクティブ（後述）をバックアップし、ワーカーズ・コレクティブの働き方を広め、社会に向けて提言するための連合組織。

■福祉クラブ生活協同組合（以下：福祉クラブ生協）

食材宅配と福祉を専門とする生協。市民参加型の福祉社会の実現をめざし活動している。

この世話人会には、生活クラブ生協が会員となっている神奈川労働金庫や東京労働金庫（※）の方にも随時出席していただき、金融の基本や業界の状況について助言をいただきました。

あらためてバブル経済の時代とは何だったのかを振り返ってみると、政府の景気刺激策によって公共事業の拡大や低金利政策が行われ、大都市の再開発や地上げ、企業の財テクブームで土地の高騰が起こった時代でした。これを基に、銀行やノンバンクの貸出し競争が激しくなっていきました。そして、それが行き過ぎたとして、一転、政府が今度は総量規制を行い、銀行の不動産融資を制限しました。このため、貸し出しの基になった不動産の価値が下落して不良債権化し、銀行の経営が悪化していき、経営に問題がない企業へも貸し渋りや貸しはがしが起きていきました。

※労働金庫（以下：労金）労働組合（労組）や生活協同組合（生協）などが会員となって出資し、会員への融資等を行う非営利の協同組織金融機関。

同時に、金融機関による大蔵省への接待汚職、第一勧業銀行の総会屋への利益供与など、金融の不祥事が、連日マスコミで取り上げられるようになりました。そして、不良債権処理に伴う損失の膨張や債務超過が起こり、木津信用組合、北海道拓殖銀行、日本長期信用銀行、山一証券などの金融機関が破たんするという、これまで考えもしなかったことが起こりました。さらに、一部の銀行の国有化も行われ、公的資金も投入される事態になりました。まさに、これまで隠れていた金融や金融機関の様々な問題が一気に露呈した時代でした。

こういった出来事から、私たちは、預金者として今まで銀行にお金を預けっぱなしにしてこなかったか、これまでどれほどの関心を金融に持ってきたのだろうか、そして、預けたお金の行方を考えたことがあっただろうか、と考えるようになりました。

預貯金はどこに行っている?

このような自分たち自身の反省から、まず、預貯金の行方を調査してみました。すると、メガバンクの多くが大企業を優先する融資を行い、政府の産業優先化政策の実現に協力していたり、軍需産業への投資や融資を行っていることが分かってきました。

また、郵便貯金も、いわゆる財政投融資資金として国の特別会計や公庫などに回り、原子力発電やスーパー林道、リゾート開発等の環境破壊を伴う公共事業や、人権侵害・自然破壊を引き起こしていた政府開発援助（ＯＤＡ）に使われていることも分かりました。

調査から、私たちは、このような事業に反対であっても、皮肉にも、預貯金を通じて資金を提供し、応援していることに気が付いたのです。

ワーカーズ・コレクティブの起業・運転資金不足

もう一つは、女性たちへの金融排除でした。

１９８０年代から神奈川県では、地域で生活する人たち、特に女性たちが、ワーカーズ・コレクティブという働き方で、自分たちの地域に必要な事業を生み出していました。ワーカーズ・コレクティブというのは、自分たちでお金を出し合って、自らが働き手になり運営・経営する協同組合的働き方のことです。コミュニティに必要なモノやサービスをコミュニティ価格（自分たちが使いたい時に使える価格帯）で提供し、豊かな地域社会を実現することをめざしています。保育園やレストラン、お惣菜の製造・販売、パン屋、リサイクルショップ、家事介護事業、生協の業務受託などの事業が生まれていました。

ワーカーズ・コレクティブであっても、起業や事業の継続には「資金」が必要です。自己資金が不足の場合、金融機関からお金を借りることは常識ですが、ほとんどが法人格をもたないワーカーズ・コレクティブは金融機関からお金を借りることはできませんでした。

女性だから貸さない——に、立ち向かうには

「女性には貸すな」が当時の金融業界の常識でした。融資に際し、その団体が事業に成功するか、継続できるかではなく、「女性だから貸さない」というのが、当時の金融業界の鉄則でした。見合った担保の不動産の有無で、融資の判断が行われていました。女性は家庭や地域でアンペイドワーク（※）を担い、収入もなく、資産も夫名義だからと融資の対象から外れていたのです。

また、ワーカーズ・コレクティブという働き方も知られておらず、ほとんどが法人格が無く（当時NPO法はありませんでした）、さらに女性であるという二重、三重の壁が立ちはだかっていました。そこで、各ワーカーズ・コレクティブは、それぞれの出資額を増やしたり、疑似私募債（※）を発行したり、生活クラブ生協から借用するなどで資金を調達していました。一方、企業組合の法人格をもっていたワーカーズ・コレクティブは、信用組合から立ち上げ資金を借りるところもありました。

神奈川ワーコレ連合会の調査によると、1994年までに、23のワーカーズ・コレクティブが外部からいろいろな形で資金を調達していました。

※アンペイドワーク
家事や育児、介護などの家庭内の仕事や地域活動など、生活に必要であっても報酬が支払われていない労働。

※疑似私募債
少数の縁故者から、均一の条件で金銭を借り入れる、金銭消費貸借契約にもとづく金銭債権。

設立の経緯

対案は、「自分たちで銀行を作ろう」
──グラミン銀行を参考に

では、どうしたらいいのか。私たちが出した結論は、「自分たちで銀行を作ろう」でした。

その時注目したのは、のちにノーベル平和賞を受賞する、1976年に経済学者ムハマド・ユヌス氏が設立した、バングラデシュのグラミン銀行でした。ユヌス氏は銀行家だったわけではなかったのですが、農村の貧しい主婦たちに低金利で少額の無担保融資を行い、生活向上を支援する試みを行っていました。融資を受けるために女性たちで5人のグループを作り、返済が進むようにグループメンバーが相互間で確認し合うという仕組みでした。金融の専門家からは、「女性に貸すなんて失敗するに決まっている」など、たくさんの誹謗中傷を受けたそうですが、女性たちはきちんと返済し、小規模のビジネスを始めたり、貯蓄や子どもの教育に回すことができるようになりました。

金融の専門家ではなかったけれど、必要だから、今までなかったから作ったという、明快な銀行作りでした。

現代版の無尽《むじん》――信用組合作りをめざす

私たちが構想した銀行は、「市民の資金」を集め、協同組合の相互扶助理念である「思いやり」「結びつき」「扶《たす》けあう」を基本に、女性たちが行う市民事業に融資をする金融機関です。運営原則に「参加・分権・自治・公正・連帯」を掲げました。

具体的な金融機関を検討した結果、最も小さな、非営利の協同組合の銀行である「信用協同組合（以下：信用組合）」にしよう、ということになりました。

信用組合とは、「相互扶助」を理念とし、地域の生活者や中小企業・小規模事業者が、お互いに支え合い、夢をかなえるために、一人ひとりが預金し合い、融資する小規模の協同組合組織の金融機関です。

日本の歴史をたどると、鎌倉時代から頼母子講や無尽、模合《もあい》など色々な助け合いの金融がありました。これらはいずれも、おおよそは、集まった人が一定のお金を出し合い、抽選などで選ばれた一人が交代で必要なお金を受け取るというものです。現在でも全国にあり、山梨県や沖縄県などで盛んだといいます。

信用組合は、いわば現代版の無尽のようなものと言えるでしょう。

明治になると産業組合法ができ、１９４９年施行の中小企業等協同組合法につながっていきました。２０２２年現在、信用組合は全国で１４５組合あり、神奈川県内にも6信用組合が存在します。

どうすれば信用組合を作れるのか

法令をクリアーするために

では、どうすれば信用組合を作れるのでしょうか。挨拶に行った全国信用組合連合会から、金融機関や信用組合関連の法令、モデル定款、ガイドライン等々、信用組合や金融に関することが百科事典のように載っている『信用組合便覧』という書籍を紹介していただき、とにかく読み込むことにしました。

信用組合は、「中小企業等協同組合法（以下：中企法）」が根拠法となっています。ここには、次のように定められていました。

【中小企業等協同組合法】

第3節　組合員

（出資）

第10条

組合員は出資1口以上を有しなければならない。

②出資1口の金額は、均一でなければならない。

第4節　設立

（発起人）

第24条

①発起人4人以上

②300人以上の組合員がいなければ設立できない。

（設立総会）

第27条

発起人は定款を作成し、公告して設立総会を開催しなくてはならない。

（設立の認可）

第27条の2

①発起人は設立総会終了後遅滞なく、定款・事業計画・役員の氏名住所等必要な事項を記載した書面を行政庁に提出して、設立の認可を受けなければならない。

②発起人は、前項の他、業務の種類及び方法、常務に従事する役員の氏名を記載した書面を提出しなければならない。
⑤の3　常務に従事する役員は金融業務に関して十分な経験及び指揮権を有する者であること。

また、「中小企業等協同組合法（中企法）施行規則」、「協同組合による金融事業法施行令」、「事務ガイドライン（大蔵省）」にも、提出すべき書類、留意事項等が書かれていました。

初めて耳にするような金融の用語を理解し、学習することから始めなくてはなりませんでしたが、用意すべき書類、出資金、役員、クリアーすべきこと等が見えてきました。最も大事なことは、県の「認可」を得なければ事業を開始できないという点でした。

【中小企業等協同組合法（中企法）施行規則】
（組合の設立の認可の申請）
第1条の6　次の書類を提出
①定款、事業計画書、役員の氏名・住所、設立趣意書、設立同意者が全て組合員であることの証明、設立同意者のそれぞれの出資口数、収支予算書、設立総会の議

事録

②業務の種類、方法を記載した書面、常務に従事する役員の氏名、経歴書、事務所の位置の書面

【協同組合による金融事業法施行令】

（出資の総額の最低限度）

第1条

①東京都の特別区、人口50万人以上の市に事務所を有する信用組合は、2000万円以上

【事務ガイドライン（大蔵省）　金融監督等にあたっての留意事項（1～6）】

信用組合関係　6-1　認可事項等について

(1)設立　設立後3事業年度を経過するまでの間に1事業年度の当期利益が見込まれること。

ポイントは、「出資金は、（人口50万人以上の市である）横浜に事務所を置くので2000万円以上集めること」、「設立後3年の間に単年度で黒字になること」、「常務理事になる人を探すこと」、だと理解しました。

神奈川県金融課と折衝を開始

びっくりすることあり、様々な壁あり

信用組合設立には「認可」が必要ということが分かり、神奈川県金融課（以下：県金融課）に、どうしたら信用組合を作れるかを聞きに行きました。信用組合の認可は、2000年4月から国の認可事項になりましたが、当時は国の「機関委任事務」として県知事が行っていました。

すると、県金融課の職員からびっくりするようなことを言われました。自分たちは、国から当分の間設立を認めないようにと言われている、と。

「法律にはこうすれば設立できると書いてあるにもかかわらず、それはおかしいですよね」という私たちの問いに、県担当者が私たちに見せたのは、いわゆる「局長通知」（「大蔵省銀行局長通知」昭和26年）という文書でした。そこには、確かに、信用組合の設立は当分の間認めないこととする、と書いてありました。県金融課職員は法律よりも、官僚が作った文書に忠実に従っていたのです。

さらに驚いたことは、実際に信用組合を作った経験のある職員は誰もいなかったということでした。職員の一人は、「自分たちの仕事は信用組合の合併を進めることなんです

よ」と言いました。

しかし、私たちは、「現在、自分たちが理想とする銀行（信用組合）がないので、自分たちは作りたい。法律には信用組合の設立の項目があるので、私たちは手続きを進めたい」と県担当者に伝え、折衝を行うことにしました。

しかし、設立のための申請書類等はなく、渡されたのは、各信用組合が毎年神奈川県に提出する事業報告書の用紙で、神奈川県がコピーを繰り返したために線が途切れ途切れになったものでした。しかし、とにかく、これに記入していくことにしました。

その後私たちが用意した書類に対して、県金融課担当者から様々な指摘がありました。「定款案」については、「解釈に幅がある〝市民〟のような文言は省いていただきたい」「ワーカーズ・コレクティブとあるが、ワーカーズは勤労者ではないか。一般の人が分かりにくい文言は困る。このような文言を載せることには疑問がある」等々。しかし、これは、私たちが行ってきた活動理念であり、削除はできないと主張しましたが、平行線のままでした。

「事業計画書」については、設立後3年以内に単年度黒字になることが必要であり、「預金」には「預金予定者」の署名がついた「確約書」が必要との指摘がありました。そして、「貸付」については、貸付需要が確かにあるという「データ」が必要だと。また、店舗には金庫室を作らなくてはいけない、さらに、全国信用組合連合会のコンピューターシステムに加入することが必要など、それは法令のどこに書いてあるの？　というような指摘がたくさん出てきました。

しかし、県金融課が必要だというならできることはやっていこうと、指摘があった事項の検討や資料の作成に取り組みました。しかし、その後も、次から次へと指摘事項が現れました。その都度対応したにもかかわらず、提出した書類について「まだよく読んでいません」と言われた時は、本当に怒りがこみ上げました。

信用組合設立の活動（賛同者・出資金の募集）を開始

このような県金融課の担当者の態度に、いつまでこんなことが続くのか、これは引き延ばしをして、私たちに諦めさせようということなのか、と感じざるを得ませんでした。

そこで、このままでは進まない、思いを形にしようと、1998年1月に「女性・市民信用組合設立準備会」を立ち上げ、設立賛同者を募り、出資金の募集を開始したのです。事務所は、神奈川ワーコレ連合会の事務所の一角を借り、机一つと椅子一つで業務を開始しました。当初、名称は「女性・市民バンク」で準備を進めていましたが、既にその名称を使って活動している団体が存在することを知り、「女性・市民信用組合設立準備会」と名前を変更しました。

出資金は1口10万円にし、1000人の賛同人を集め、1億円にすることを目標にしました。金融のプロの方々からは、1口10万円は高すぎる、そんなに集まるわけがないと言われましたが、設立準備会のメンバーは結構自信を持っていたように思います。自分の周りの人々から、「それって面白い」「そういう銀行を待っていた」という反応があったからです。

心強い助っ人――銀行勤務経験者の参加

同時に探し始めたのが、「認可」に必要な、金融業務に精通した「常務理事」をやってもいいという人でした。つてを辿って方々《ほうぼう》に声をかけましたが、とんでもないと断られ続けました。

そういう人はいないかもしれないと弱気になりかけていたころ、神奈川ネットワーク運動のメンバーが、鵜飼俊哉さんを紹介してくれました。そのメンバーが金融関係の夫の転勤で香港にいた時、元銀行マンの鵜飼さんと知り合いになり、帰国後、仕事を探していると聞いて話を持っていったのでした。お会いして、信用組合の設立をめざしている私たちの活動をお話しすると、「お手伝いしましょう」と、ボランティアスタッフとして参加してくれることになりました。

鵜飼さんは東京銀行に39年勤務し、ニューヨークやシンガポールの海外勤務経験があり、日本で支店長も経験されていました。海軍経理学校出身という経歴の持ち主で、常に前向きで、女性への偏見もなく、金融の経験が全くない理事長である向田をその後8年にわたり支え、共に信用組合作りの夢を追いかけてくれました。県金融課に出す書類も向田理事長とディスカッションしながら一緒に作成し、県金融課や金融監督庁などとの折衝にも常に同行してくれました。

この後、金融機関勤務経験のある、３人の心強い助っ人が事務局に参加してくれました。

高岡まさみさんは日本長期信用銀行、横浜銀行に勤務経験があり、当時の岡田百合子神奈川ワーコレ連合会専務の声掛けで、自分の経験が役立つならと参加してくれました。和田和子さんは生活クラブ生協の組合員活動のリーダーとして活動していましたが、日興証券に勤務経験があり、元生活クラブ生協の理事長から紹介され、自分にできることがあればと参加してくれました。西山るみ子さんは、日本興業銀行に勤務経験があり、神奈川ネットワーク運動の選挙を手伝ったことで目からウロコと感動し、銀行を作るなんてすごいと参加してくれました。また、西山さんの夫の純さんは、出資者名簿と貸付先データを結ぶ返済ソフトを無償で作ってくれました。

このように、私たちの周りの方々が、信用組合設立の活動に賛同し、それぞれ持っているノウハウを提供してくれたことで、少しずつ体制が整っていきました。

出資金の募集――次々賛同者が現れる

金銭的リターンがなくても、社会的リターンに価値を置く人々はいた

大勢の人にこの活動を知ってもらい、賛同者になって出資金を出していただこうと、神奈川ネットワーク運動やワーカーズ・コレクティブ、生活クラブ生協のメンバーに声かけを行い、あちこちで集会を開いてもらいました。集会では、金融の現状、預貯金の行方、女性たちの市民事業に銀行が貸してくれない現実を伝えました。

集まった方々の反応は、「預貯金がそんなことに使われていたなんて知らなかった」「自分も、常々、今の金融はおかしいと思っていた」「女性たちの市民事業を応援したい」というものでした。想定以上の共感が得られ、次々に賛同者が現れ、出資金も増えていきました。

また、マスコミが私たちの活動に興味を持ってくれ、1998年5月の朝日新聞夕刊に「女性ら自前〝銀行〟設立、神奈川で今秋にも会員事業に融資」という記事が載りました。すると、「今の金融に疑問を持っていた」「銀行作りに挑戦するなんてすばらしい」と、東京や四国など、全国から自分も出資したいとひっきりなしに電話がかかってきました。県外の人には融資はできないことを伝えましたが、そんなことは構わない、応援した

いという声をたくさんいただきました。

日本では、自分の利益にならないことにはお金は出さない、お金は集まらないだろう、といわれていましたが、１９９８年7月末には、出資金は３７１６万円になり、信用組合設立に必要な２０００万円をはるかに超える額になっていました。

金銭的なリターンの利息や配当がなくても、地域社会がもっと豊かになり、市民事業が盛んになるという社会的リターンに価値を置く人々が、日本にも確かにいるんだということが立証された、ということだと思います。

信用組合を設立する活動を開始

アンケートを基に書類を作成

信用組合設立認可に必要な書類として、「業務方法書」「事業計画書」があります。その作成に当たっては、根拠になるデータを持って来なさい、というのが県金融課の指導でした。

そこで、生活クラブ生協と神奈川ワーコレ連合会に依頼して、１９９９年4月に、メンバーの１％に当たる６８０人にアンケートを実施しました。「女性・市民信用組合ができたら預金や借入をしたいと思いますか」という問いに、38%の方が回答してくださいました。

預金を移し替えるという方がその内の62％と、想定以上の結果でした。移し替え預金の合計額は３０２５万円、融資希望額は１億１８００万円でした。

このアンケート結果をもとにした３年分の事業計画書を作成して、１９９９年9月、神奈川県に提出しました。

店舗は横浜市内に1か所とし、組合員は1年次５０００人、2年次１００００人、3年次１５０００人、出資金は1年次５０００万円以上としました。預金の種類は普通預金と定期預金にしましたが、他にポリシー付き定期預金も加えました。利息の一定の割合を、女性の自立支援を進める基金に寄付する預金です。預金額は、アンケートから、第1年次11億円、第2年次22億円、３年次32億７０００万円。融資の種類はワーカーズ・コレクティブ支援、ＮＰＯ等支援、環境住宅改造資金、高齢者・障がい者住宅改善、教育ローン、住宅ローンとし、貸付額は1年次7億５０００万円、2年次14億７５００万円、3年次21億２５００万円で、預金と貸付の割合（預貸率）は65％としました。

この他、自己資本比率（※）、預金保険機構（※）の保険料等、法令で義務付けられている事項を試算しました。

※自己資本比率
総資本のうち、純資産の占める割合。高いほど、健全性が高い。

※預金保険機構
金融機関が破たんした場合に備え、各金融機関が保険料を支払い、一定額の預金を保護するための組織。

しかし、県金融課は、この事業計画書に対し「アンケートの取り方、サンプルの取り方に問題がある」と指摘してきました。「では、アンケートを取り直せばいいのか」と質問すると、「アンケートは参考に過ぎない」と問題をそらし、「貸付の方が問題だ。本当に需要があるのか、統計資料等から説明できる論理的根拠が必要だ」と、これまで言わなかったことや条件を次々に出してきたのには驚きました。前言を翻す不誠実な態度は、本当にアンフェアだと思いました。

全国の小規模の信用組合を訪ねる

どんな運営をしているのか

また、県金融課の担当者が言っていることの中には金庫室など、金融関係の法令等にはないものもありました。本当にそうなのか、これらを確かめたいと思い、実際に信用組合の訪問調査を行うことにし、まずは半原信用組合など県内の信用組合を訪ねました。

信用組合便覧には、全国の信用組合の名称、店舗数、組合員数、出資金額、預金額、貸付等のデータが掲載されていたので、この中から、1信用組合1店舗の小規模の信用組合をピックアップし、可能なところを訪問することにしました。

その一つが、宮内庁信用組合です。宮内庁職員のための信用組合で、皇居の中にあります。連絡したうえで許可をもらい、皇居の中に入り、玉砂利を踏んで、プレハブのような建物の店舗を訪問し、預金通帳や貸付証書などを見せていただきました。県金融課が、必要だと言っていた金庫室はありませんでした。

また、地方の信用組合として、石川県の精錬信用組合にも伺いました。どちらの信用組合も、頑張ってね、応援するよ、と励ましてくれました。

いろいろな分野の方たちからのエール

また、私たちの活動を知って、金融機関や研究機関、大学などいろいろな分野の方々が注目し、新聞、雑誌や研究誌で取り上げてくれました。また、講義に呼んでいただくなど、この活動を知ってもらう機会が多くできたことで、ネットワークが広がりました。

邦銀の投資顧問会社で投資運用を担当している、『エコバンク』著者である金岡良太郎さんは、「金融の現場にいて思うのは、銀行は、本部の意向で機械的にお金を貸しているに過ぎないということであり、女性・市民信用組合設立準備会は、あくまでアマチュアとして、透明性のある預金・貸付制度を構築してほしい」と励まして下さいました。

多重債務者問題の研究者で、聖学院大教授の柴田武男さんは、「金融機関には、公共性・社会性が必要」と提起され、支援してくださいました。また、米国のコミュニティ銀行の研究者で中京大教授の由里宗之さんは、私たちの総会の講演で、コミュニティバンクの人々の繋がりの信頼が地域を豊かにすることを、米国の映画『素晴らしき哉、人生!』を紹介して、私たちの信用組合作りへの挑戦を応援してくださいました。

さらに、2003年にはNHK『クローズアップ現代』の取材を受け、「市民が始めた手作り金融」として放映していただきました。これには多くの反響があり、新たに約530万円の出資金が集まりました。

信用組合設立活動と壁、さまざまな模索

賛同者も増え、出資金も増えていきましたが、県金融課との折衝はなかなか進みませんでした。一回訪問すると違う課題をひとつ渡される、ということが続き、折衝を長期化させるため、信用組合設立をあきらめさせるための引き延ばし策か、という思いも膨らんでいきました。

そこで、信用組合以外で、非営利・協同の金融ができる方法を模索しました。

ひとつは、生活協同組合の可能性です。当時、岩手信用生協が、共済事業として多重債務者への貸し付けを行っていました。事業所のある盛岡に伺い、融資審査の前の多重債務者の生活再生に向けたヒアリングにも立ち合わせていただきました。しかし、生協は個人しか組合員になれないこと、そして、団体は組合員になれないということが分かり、残念ながら断念しました。

また、他の信用組合、信用金庫との提携も検討しましたが、提携は困難と断られました。

一連の金融の不祥事などから、金融検査マニュアル（※）が厳格化され、小規模で、非営利・協同の金融機関である信用組合に対しても、大銀行と同じ、画一的で機械的な検査

※金融検査マニュアル
金融庁が銀行や信用金庫等の金融機関の経営状態を検査する際に使用する手引書。1999年に導入。融資や資産査定、損失に備えた引当金の計上方法等を明示した。

が厳格化していきました。

また、2000年から信用組合の認可は、国の認可となり金融監督庁の所管となりましたが、状況は変わりませんでした。

また、デフレが進行し、銀行の利ザヤ（貸出金利と預金利息の差による利益）が薄くなり、運営が厳しい事態になっていきました。

信用組合でなくても融資が可能な金融——「貸金業」の検討

信用組合作りと並行した活動の開始

信用組合設立を模索しながら、信用組合でなくても融資が可能な金融はないか、考えたのが「集まっていた3000万円超の出資金を原資に『貸金業』で融資を行う」というアイデアでした。現代版頼母子講です。融資実績を積めば、信用組合の認可に必要な「貸付需要があるという証明・データづくり」にもなります。

信用組合設立認可と現代版頼母子講の活動を並行してやっていけばいい、そう考えました。

そこで、「出資金を原資にした貸金業による貸付」について、法的に問題はないか、県金融課に見解を聞きに行くと、次のような理由で自分たちは何とも言えない、という回答でした。

・出資金を増やしながらこれを元手に貸付を行う貸金業の成立は、これまでにない考え方や方法であって、現段階では成立か否かは不明である。
・出資金については「不特定多数」から集めることは不可だが、「特定多数」からの場合（会員）については何とも言えない。
・「講」「無尽」を新たに作る場合でも、「貸金業登録」は必要である。
人格なき社団（※）は、貸金業登録はできない。

県金融課の見解は「不明」「何とも言えない」という曖昧な回答でした。どう解釈すればいいのか、生活クラブ生協から紹介された弁護士に相談しました。弁護士からは、まず、「この金融の試みはとても意義あるチャレンジだ」とした上で、「特定多数の出資者である会員からお金を集め、その会員のみに融資を行うことは問題ない、と解釈していいのではないか」という見解をもらいました。この見解が得られたことで、「出資金を原資にした貸金業による出資者への貸付」を行うことを決断しました。

※人格なき社団
共同の目的のために結集した、法人でない集団。

貸金業という世界に飛び込む

貸金業の基本の法令は「貸金業規制法」です。これは昔、高利の消費者金融（いわゆるサラ金）で悲惨な状態に陥っていた人を救うことなどを目的に、金貸しを生業とする金融業者を取り締まるために作られた、議員立法による法律です。なお、現在は改正され、2007年施行の「賃貸業法」となっています。

県に「貸金業登録」することで融資ができます。1998年当時、登録できるのは18歳以上の個人と法人で、資産が個人は300万円以上、団体は500万円以上あることが条件となっており、非常に参入しやすい環境でした。また、その時の貸付金利の上限は、年109・5％（現在は15～20％）というとんでもない額でした。ただし、登録には、犯罪歴がないこと、脅しや迷惑行為、取り立て行為はしないことが証明されなくてはならないという業種でした。のちに貸金業の講習会に行くと、壇上に警察関係者がずらりと並び、「悪いことをすると捕まるからね」と会場を見回しながら訓示をしました。そういう未知の世界に私たちは飛び込んだのです。

「信用組合作り」と「貸金業登録」

並行した活動を開始

「貸金業」は、神奈川県に登録しないと事業を行うことができず、また、登録できるのは、個人か法人格のある団体に限られていることが分かりました。女性・市民信用組合設立準備会は人格なき社団で法人格はありません。どうすればいいのか、ここで、壁にぶつかってしまいました。

知恵を絞って考えた方法が、代表の向田が個人で貸金業登録し、会員のみに融資する。その原資は、女性・市民信用組合準備会の出資金を借りる、というものでした。神奈川県金融課に、弁護士に相談したところ可能だと言われたことを説明し、１９９８年５月に向田が個人として「貸金業ＷＣＢ」を申請しました。８月に「貸金業ＷＣＢ」が登録でき、晴れて融資できることになりました。そこで、審査を誰がするのか、その基準はどうするのかを検討し「融資制度及び基準」を作成し、審査機関として「融資審査委員会」を立ち上げました。

1998年8月、貸金業WCBが登録できた

融資制度および基準

顔の見える者同士の助け合い金融として、これまで、「金融から排除されてきた女性たちを優先する」「法人格がなくても対象にする」ことを基本にしました。そして、次のように定めました。

・融資の対象者：神奈川県内に在住の出資者で、これまで金融から排除されてきた、女性たちを優先する。法人格がなくても対象にする。

・資金の使いみち：団体は設備資金・運転資金、個人は教育ローンや自然エネルギー関係とする。

・融資の最高限度額：1000万円

・貸付利率（年）：1.8～5.0％

・融資期間：最長5年

・返済方法：元利均等月賦返済が基本。原則無担保

・連帯保証人：団体は理事3人、個人は1名

・必要書類：事業内容説明書、見積書、資金繰り表、決算書類、パンフレット等

融資審査委員会

メンバーは5名。金融のプロではなく、市民事業が分かる人、国や自治体の制度が分かる人を基本にしました。

市民事業を立ち上げた人、市民事業を行ってきたワーカーズ・コレクティブのメンバー、生協で経理を担当してきた人、国や自治体の制度が分かる神奈川ネットワーク運動の地方議員が審査委員になり、初代の審査委員長は、神奈川ワーコレ連合会の理事長だった一色節子さんが担いました。原則として、融資申込みがあった場合、月1回審査を行うことにしました。

審査の手順

審査の手順は、次のようにしました。

①電話や来所などで融資の相談を受けたら、代表と事務局員で融資希望者の話を伺い、女性・市民信用組合設立準備会の説明をする。

大事なポイントは、出資者（会員）同士の助け合いの金融であり、出資者になる必要があるということ。

②融資制度を説明し、必要書類をお渡しする。

③書類を提出していただいた後、代表と事務局で提出された書類を点検し、その団体の事業や提出書類についてヒアリングを行う。
④現地調査、制度の調査等を行った後、融資審査委員会用にレポートを提出する。
⑤審査委員会開催
⑥審査委員会で疑問等が出されれば、再調査を行い、再審査。
⑦可否を決定し、融資決定通知書をお渡しする。
⑧必要事項を記入し、実印を押印した融資契約書と必要書類を出していただき、点検の後、融資を実行する。

審査の前段の調査で心がけたこと

理事長、事務局で、融資審査委員会の前段としてヒアリング、調査を行いますが、心がけたのは次のことです。

・上から目線でなく、自ら道を切り拓いてきた融資申込み者に敬意をもって接すること。
・財務諸表を読み込むこと、分からないことは質問すること。（数字が教えてくれる）

・情報を集めること、制度を調査すること。（自治体によって制度が違うことがある）
・現地に行き、周辺状況を確認すること。（街が教えてくれることがある）
・人のネットワークづくりを大事にすること。（情報が要《かなめ》）

大切なのは、こちらの質問能力を磨くことと考えました。そして、融資申込者からはたくさんのことを学ばせてもらいました。

融資審査のポイント

次のような事項を審査のポイントにしました。しかし、事業の採算性・継続性が一番大事であることは言うまでもありません。

・地域社会に貢献する事業か。
・起業の意思
・知人・友人・近隣の支援の有無・状況はどの程度あるか。地域の評判はどうか。
・メンバー・理事会の構成、民主的な運営が行えているか。
・環境に負荷を与える事業かどうか。

・ニーズ調査を行っているか。
・自己資金の額・構成はどうか。一部の人だけが資金を出していないか。
・競合との差別化（優位性）
・技術、ノウハウはどの程度あるか。
・リーダー、メンバーはどのような人か、上下関係はあるか、正直か。
・事業の採算性、継続性

融資先——それぞれに物語がある

初めて融資を行った1998年以降の実績は、団体に146件、計6億2141万円、個人では、57件、計6345万円、総計では、203件、6億8486万円です。この間、1件の延滞（うっかりの数日はありましたが）も、1件の貸倒れもありませんでした。

融資先については、全て、ニュースレターやホームページで報告しました。なぜ、融資をすることにしたのか、金額、融資期間、そして団体の場合はその団体の設立趣旨や活動・事業、写真も掲載し、出資者がイメージできるようにしました。「目に見えるお金の流れをつくる」「自分の出資金がどんな市民事業に使われたのか、だれの役に立ったのか分かる」ようにすることが、目的の一つだったからです。

融資をした団体から「融資を受けることは、社会的に信用を得るということなんですね」と言われました。「そうですね。胸をはって、事業を進めてほしい」と思いました。同時に、私たちはその事業の当事者ではありませんが、その事業にお金を融資することによって、いわば、ドキドキ、ワクワクしながら伴走しているような思いでした。

資金使途は、「立ち上げ資金」「次の事業展開のための資金」「運転資金」がほとんどで、「つなぎ資金」（※）は1件だけでした。

※つなぎ資金
NPO等が自治体等の助成金が実際に交付されるまでの期間、つなぎとして融資される資金。

分野別に、金額ベースでみると次のようになります。

①高齢者福祉関連（高齢者デイサービス施設立ち上げ資金、高齢者向けレストラン立ち上げ資金、食事サービス車両購入資金、家事介護サービス事業運転資金など）：23％

②保育関連（保育園立ち上げ・改修・運転資金など）：20％

③リユース・リサイクル事業（店舗立ち上げ資金、保証金、店内改装資金など）：14％

④運輸関連（牛乳配達車購入資金など）：９％

⑤レストラン事業、仕出し事業、パン・お菓子の製造販売事業の立ち上げ資金、店舗改装資金など：７％

この他、化学物質過敏症患者の療養施設の建設資金、エネルギーカフェ立ち上げ資金、野宿生活者共同住宅の改装資金、障がい児放課後等デイサービス立ち上げ資金、生活困窮者支援団体運転資金、特別貸付など。

件数別で最も多かったのは、個人向けに創設した「教育ローン」でした。

初めての融資

初めての申し込み団体は、ワーカーズ・コレクティブさくらんぼ（横浜市瀬谷区、現在はＮＰＯ法人さくらんぼ）で、「参加障がいのない街に」を掲げていました。生活クラブ生協などで活動していた女性たちがお金を持ち寄り、小さな保育園（横浜保育室ネスト）を開設、２園目の保育室の借換え資金でした。

申し込みがあったことが嬉しく、県金融課の職員に、「ほら、借りたいという団体はあるのよ」と言いに行きたい気分でした。

借入目的を伺い、現地を訪ね、初めての融資審査委員会を緊張しながら開催し、応援しようと融資を決定して、１９９８年の12月に融資実行しました。

現在、子どもや子育てに関連した10種類の事業――認可保育園、小規模保育園、乳幼児一時預かり、未就学児とその保護者のための居場所、子育て支援ヘルパー、親に頼るのが難しい女子学生のための下宿などを行っています。

これまでに融資した分野別の金額と、融資先の一部を紹介します。

［団体］

■高齢者福祉関係：１億５６９０万円（36件）

◇高齢者デイサービスの立ち上げ資金、運転資金など（20件）

高齢者福祉分野で一番多かったのが、デイサービス関係です。

・妻の地域福祉への貢献の遺志を継いだ夫から住宅街にある戸建住宅の提供（賃貸）の申し出を受け、小規模デイサービス「カナンの家」立ち上げのための改装資金。（座間市：ワーカーズ・コレクティブ）

・両親が住んでいた金沢八景の家を福祉に役立ててほしいという息子さんの申し出を受けデイサービス「NOAH」を開所。改装費用は家主（息子）が負担し、事業主の什器備品調達費と運転資金を融資。（横浜市金沢区：ワーカーズ・コレクティブ）

◇高齢者、障がい者などへの食事の提供、配達サービス

高齢者福祉分野で2番目に多かったのが食事サービスです。

・365日、手作りの安全な昼食、夕食を地域の高齢者や産前産後の家庭、デイサービス施設に配達していたが、ボランティアの自家用車での配達を専用車両での配達にするための車両購入資金。（川崎市多摩区：ワーカーズ・コレクティブ）

・障がい者やこれまで働いたことがない若者など「就労困難者」の就労支援・訓練事業として、安全な食材を使った総菜や弁当を製造・販売し、レストラン事業を行うための立ち上げ資金。（横浜市神奈川区：NPO法人）

・日中一人暮らしの高齢者に食事や甘味を提供する「たまり場」として、小田急百合ヶ

丘駅前に高齢者向けレストランを立ち上げるための資金の一部。（川崎市麻生区：ワーカーズ・コレクティブ）

◇企業の元独身寮やビジネスホテル等を高齢者・障がい者のケア付き共同住宅（厚木市、横浜市緑区）に改装する資金。（厚木市：NPO法人）

◇外出困難な高齢者・障がい者の通院、買物、観光、外食などの介助付き移動サービス事業を行うために、車いすが乗れるように改装した車両を購入する資金。（厚木市：ワーカーズ・コレクティブ）

■保育園関係：1億3880万円（21件）

主として小規模の保育園の立ち上げ資金などです。

・市民事業による保育園立ち上げのために物件を探していたところ、趣旨に共感した地権者が要望に沿った2階建ての建物を建ててくれ、団体が事業を担った。小規模の保育園の立ち上げ資金。（横浜市鶴見区：ワーカーズ・コレクティブ）

・横浜市都筑区で保育園、学童保育、小学生の自然体験プログラム等を行ってきたNPO法人。内閣府の「企業主導型保育（従業員の保育が主だが地域枠が半分ある）」を茅ヶ崎市の酒造会社とマッチングして行うことになった。建物は酒造会社

が建設、ＮＰＯ法人は内装、備品を担うことになり、その資金。（横浜市都筑区：ＮＰＯ法人）

■リユース・リサイクル事業関係：９８５０万円（29件）

イギリスでチャリティショップを運営するＮＧＯのOXFAMを視察した神奈川ネットワーク運動のメンバーらが、１９９７年に設立したリユース・リサイクルショップ事業を行うＮＰＯ法人です。市民から無償で提供を受けた品物をＷＥショップで販売し、収益から、主にアジアの女性の生活向上と自立のための活動や、医療保健、教育、人権などの分野で活動するＮＧＯ団体の活動へ支援を行ってきました。現在、48店舗があり、34のＷＥ21ジャパン地域ＮＰＯがＷＥ21ジャパン・グループとして連携して活動しています。

１９９８年12月にＷＥショップ開設資金を初めて融資。その後、提供品の保管倉庫の借入資金、ＷＥショップの移転費用、フェアトレード品の仕入れ資金、不動産契約更新費用、ショップの業務用空調設備交換費用など。（神奈川県の各地域：ＮＰＯ法人）

■運輸関係：６０２０万円（11件）

生活クラブ生協のパスチャライズド牛乳配送受託のための中温冷凍車の購入資金や、

一人暮らしの女性や高齢者などが、少ない荷物でも依頼できる24時間対応の荷物運送「お手軽ポーター便」事業の軽トラック購入資金、天然酵母パンを神奈川の製造工場から東京の配送センターに配達する請負事業の車両購入資金など。（横浜市緑区：企業組合）

■食関係：4863万円（19件）

食品の製造、販売、レストランなどの分野です。

・安全な食材料にこだわったパン、菓子の製造販売を行う。基準に厳しい生活クラブ生協の安全基準をクリアーし、共同購入にも提供してきた。フリーザーの修理費用、ドーコンディショナー（パン生地を発酵状態に仕上げる機械）の購入資金。（横浜市旭区：企業組合）

・新横浜のオルタナティブ生活館1階で安全な食材を使ったレストランとサロンを運営。立ち上げ資金、業務用冷凍冷蔵庫の買い替え購入資金、運転資金。（横浜市港北区：ワーカーズ・コレクティブ）

■障がい者福祉関係：4380万円（9件）

2010年ごろから増えた分野です。

◇障がい児の放課後等デイサービス

・長年、障がい児の施設等で働いてきたメンバーが、家族のレスパイトやきょうだい児への支援も必要と考え、アパートを借りて「放課後等デイサービス」を開所するための立ち上げ資金。その後、養護学校高等部を卒業した障がい者が自立した日常生活、社会生活を営むことを目的とした「生活介護事業所」も開所。その立上げ資金。（鎌倉市：NPO法人）

◇就労支援B型

・就労支援B型（一般企業への就職が困難な障がい者に対し、就労の機会や生産活動等の提供、就労に必要な知識等の訓練、支援を行う事業所）の「ドッグカフェ（お弁当や軽食の提供、犬のおやつ等の製造販売）」などの運転資金。（横浜市金沢区：NPO法人）

■生活が困難な人への支援関係：3100万円（4件）

・野宿生活をしてきた人の生活支援やカウンセリングを行うため、企業の独身寮を改装し住居を提供するための費用。（川崎市宮前区：一般社団法人）

・多重債務者や生活が困難な人の生活相談・貸付、債務整理等の物件販売のつなぎ資

金、生活困難者向け共同アパートの管理・運営のための運転資金。（東京都新宿区：一般社団法人）

■研究機関：1500万円（5件）

・運転資金（横浜市中区：NPO法人）

■化学・環境分野関係：1548万円（5件）

・化学物質過敏症の方の一時避難施設を静岡県伊豆に建設するための土地購入資金。（横浜市中区：NPO法人）

・市民が電気、ガス、自然エネルギーについて相談できるエネルギーカフェを開所するための備品購入費。（平塚市：NPO法人）

■NPOサポート事業：330万円（3件）

市民事業を行う団体支援のための経理業務支援、パソコン業務・相談支援業務事業の立ち上げ資金です。（横浜市中区：ワーカーズ・コレクティブ）

［個人関係］

■教育ローン：４３６０万円（41件）

入学や留学のための資金です。

■太陽光発電関係：７５０万円（４件）

■特別貸付制度：６２０万円（５件）

女性・市民コミュニティバンクは定款で、事業年度の終わりにしか脱退できないことになっています。高額の出資者から、「事情があり資金が必要になり脱退したいが、何か、手段はないか」との相談があり、設置。１００万円以上の出資者の場合は、出資額の80％まで金利０％で融資し、脱退時に相殺する制度です。

■住宅関連：５００万円（１件）

環境共生住宅つなぎ資金です。

■候補者応援ローン：３６５万円（６件）

個人への融資を始める

団体への融資が進む中、会員から、個人への融資の提案がありました。そこで、前述のように希望の多い教育資金や、環境問題に寄与するための太陽光発電パネルの設置資金、また、これまでどこにもなかった、女性の議員を増やすための融資制度を作りました。

■教育ローン

女性が教育ローンを借りようと思うとなかなか借りられない、特にシングルマザーは困難という実態があることを知り、2001年に「教育ローン」を始めました。上限は200万円としました。また、ワーカーズ・コレクティブ等の団体のメンバーの場合は、その団体の理事会の合意があれば、個人で出資していなくても上限100万円を融資することにしました。教育ローンの需要は高く、本当に作ってよかったと思います。

■候補者応援ローン

議員予定候補者になると、選挙までの間は政治活動を行うことになり、それまで従事している仕事を辞めなくてはならないと、議員候補予定者になることをためらう人が増えてきていることを知りました。自治体の女性議員を増やすことに貢献したいと考え、2002年、神奈川ネットワーク運動と提携し、議員候補予定者に融資をする「議員候補者応援ローン」を作りました。立候補予定者への後押しの一つになったのではないかと思います。

■太陽光発電システム融資制度

地球温暖化防止に貢献したいと考え、2010年、会員の（株）オルタスクエアと提携し、太陽光発電パネルを設置する費用として上限300万円を融資する「太陽光発電システム融資制度」を作りました。

融資相談への対応と融資しなかった例

女性・市民コミュニティバンクの存在が知られるようになると、出資の方法とともに、融資の問い合わせや申込みも増えていきました。

理事長や事務局員は、事務所にかかってくる融資相談の電話へ対応したり、融資の相談に事務所を訪れる方のお話を伺いました。心がけたのは聞き間違いや思い込み等を防ぐために必ず2人以上で対応すること、一人は必ずメモをとることにし、後で、相互で確認することでした。初めて相談を受けた後は、不明な点の書き出しを行い、審査でのポイントをチェックしました。

「この場合はお貸しできない」「貸さないほうがこの団体にとって良いのではないか」等の判断をすることもありました。

はじめの相談の段階で、かなり自分たちの事業を盛って話しているのではないかと思われる方もいました。国際交流団体と称していましたが、私たちが連携している国際NGOにも照会し、相談者が言われたことを一つ一つ確認していくと、説明されたこととかなり違っていました。私たちが調査をしていることが分かったのか、「なぜ、そんなに調べているんですか」と、怒りの電話がかかってきました。「融資の元手は、出資者一人一人が出しているお金なので、慎重にしたいんです」とお話しすると、「結構です」と電話が切られ、その後連絡はありませんでした。

また、別の例では、レストラン事業の立ち上げ資金800万円の申し込みをされた任意団体がありました。融資審査委員会の審査まで行きましたが継続審査となり、質問事項を伝え、追加資料の提出をお願いしました。しかし、資料は提出されず、申請を取り下げられました。

審査委員会での議論は、場所の選定と同時に組織を作りＮＰＯ法人の登録申請するなど拙速な印象を受けるが、メンバーの合意はどれほどとれているのか、原価率はどのくらいか、ランチの特色、価格は妥当か、ランチは何回転させる予定か等々の質問でした。融資申請を取り下げられた後、何らかの方法で資金を調達しレストランを開業したものの、うまくいかず事業を閉じたと伺いました。私たちの意見を聞いてくれたら、もう少しうまくできたのではないかと思うと残念でした。

家事介護事業の運転資金を申し込んだワーカーズ・コレクティブの例もあります。ＮＰＯの法人格取得申請にあたって、１００名近いメンバーからの出資金全てを個人借入金にしたため、基本財産がほとんどなくなり、運転資金を申し込まれた案件でした。審査委員会では、女性・市民コミュニティバンクから借り入れると利息を払うことになるので、再度、メンバー全員からゼロ金利でお金を借りることにしたら体力的に楽ではないか、と提案しました。その後、メンバーで話し合い、全員が再度お金を出し合うことにし、女性・市民コミュニティバンクへの申請は取り下げられました。その後、このワーカーズ・コレクティブは順調に事業を行っています。

外部からの融資のためのお金の借入れ

出資金の増加だけでは資金不足に

2004年、融資の累計は49件、2億1700万円になりました。

「女性・市民信用組合設立準備会から融資を受けて開所できた、事業展開できた」という情報が市民事業団体に伝わるようになり、「市民事業の立ち上げや事業の拡大をするなら、不足資金は女性・市民信用組合設立準備会からお金を借りよう」という事業モデルができていきました。

一方で、出資金の伸びが借入希望に追い付かず、融資のための資金が不足する見込みになりました。申し込みを断わることはしたくない、何とか市民事業を応援したいと考え、他から資金を調達することにし、取引のある金融機関に借入の相談に伺いましたが、ことごとく断られました。このため、生活クラブ運動グループの5団体と交渉し、合わせて5000万円を短期借り入れしたことで、融資に回すことができました。出資金の増加や貸付金の返済があり、この後、全てを返済することができました。

融資が伸長、順調な貸付金の回収の理由

その後も融資が伸び、2005年2月には累計70件、3億円を超えました。貸付金の回収では、1件の貸し倒れも延滞もありませんでした。

その理由を考えてみると、事前調査を丁寧に行っていること、融資後に必ず現地を訪問したこと、県内の生活クラブ運動グループをはじめとする広範なネットワーク力・情報があること、審査員に豊富な市民事業経験があること、借り入れた人の「助け合いの金融」への共感があることなどがあげられます。

また、基本的に、元利均等月賦返済方式で、できれば期日の12時までに入金していただくようにお願いしたことで、返済されるお金を毎月確認することができました。さらに、12時を超えて入金が確認できない時は、「お忘れではないですか」と電話をすることで、その団体の様子も知ることができ、貴重な情報ツールとして機能したのではないかと思います。

ご寄付に感謝

女性・市民コミュニティバンクの運営は多方面の方々のボランタリーな活動に支えられてきましたが、事務所家賃や事務局人件費などの必要経費は発生します。低利貸しの女性・市民コミュニティバンクの利息収入は少なく、経費を賄う分の収入をいかに確保するかは設立時からの課題でした。このため、国の関連団体等の市民金融に関する調査研究の受託や、向田の大学や研究機関での講演会の謝礼、原稿料収入等、様々な事業収入の獲得に努めました。2009年からは、サポート会費（1口1000円）を導入し、毎年、団体や個人の意志ある会員（出資者）に会費としての寄付をいただくことができました。

また、感謝したいのは、会員（出資者）やそのご遺族からの寄付金で、これまでの合計は、726万円になります。ほとんどが、脱退される時に、自分の出資金の全額や一部を寄付して下さり、また、ご遺族から、「故人の遺志だと思うから」と、全額や一部を寄付して下さったものです。

寄付文化は日本には根付かないという声も聞きますが、そんなことはありません。女性・市民コミュニティバンクへのご寄付は、理念や活動への共感が、寄付という形で具現化した証なのではないかと思います。

GLSコミュニティバンクを訪問調査

スローガンは「お金の使い方を変えよう」

信用組合づくりに向けての神奈川県との折衝がなかなか進まない中、私たちが理想とするような銀行がドイツにあるということを知りました。それがドイツのGLSコミュニティバンク（※）です。

2002年、日本政策投資銀行のフランクフルト駐在員の阿由葉真司さんが、一時帰国の際に「あなたたちと同じポリシーの銀行がドイツにありますよ」と女性・市民コミュニティバンクを訪ねて来られました。そして、その活動内容や事業を紹介してくれ、訪ねてみることを勧められました。

GLSコミュニティバンクの設立は1974年。シュタイナー学校を作ろうとした時に銀行から資金を借りられず、自分たちで資金を集めて「地域のための信託協会」を設立。その後資金を蓄積し、当局とも折衝を続け、13年後、協同組合銀行「GLSコミュニティバンク」の認可を得ました。設立から30年を経過しても市民の支持を得て拡大し続けていることを知り、日本で孤立無援と感じていた私たちにとって、ヨーロッパではあっても手

※GLSコミュニティバンク
GLSはドイツ語の共同体Gemeinschaft、貸与Leihen、贈与Schenckenの頭文字をとったもの。

本が存在したことで、一筋の希望を見出した思いでした。

その後、GLSコミュニティバンクから資料の提供を受け、文書での交流を続けましたが、現地でのヒアリングや資料収集を行うことにし、2003年11月、向田他4人のメンバーでボッフム市の本部を訪問しました。現地では、連帯する同志として歓待していただき、たくさんの示唆を得ることができました。

4階建ての本部ビルは、元は1階がレストラン、上は住宅だったそうですが、その後、建物全部が寄付されました。「最初はここから始まったんです」と、紹介してくれたのは1階会議室と隣の小部屋で、1961年開設の、GLSコミュニティバンクの前身の「地域のための信託協会」の事務所であった場所でした。現在、1、2階は本部、上階はNGOやNPOの事務所になっていました。通常はそれぞれの部屋で個別に仕事をし、毎週木曜日夜には1時間くらい、幹部も出席していろいろなテーマでディスカッションを行っているそうで、組織運営の基本も学ばせてもらいました。

預金の金利は預金者が限度内で自分で選び、社会プロジェクト（エコロジー、農業、芸術、教育、保育、高齢者施設建設など）に特化した融資を低利で行っていて、融資先の情報は全て会報やホームページで公開されています。貸倒れが非常に低いのは、借りる側が理念に共鳴しているために返済に律儀であること、それぞれの分野に強い職員がいること、数十年のノウハウの蓄積、慎重な審査の結果だということでした。職員は、「給与は低いけれど地域社会に貢献している」「業績も伸び続けている」という自信にあふれていました。翌日は、紹介を受けて、牛舎建設費用を融資したエコロジー農場を訪問しました。畑には小さな風力発電があり、天井の高い牛舎には干し草のよい香りが満ちて、牛がゆっくり草を食んでいました。

銀行を去る日、「良かったら、3週間くらいの研修を引き受けますよ」とのお誘いも受けました。欧州では、ドイツの他にもオランダのトリオドス銀行、イタリアの倫理銀行など、エコロジー的、倫理的な銀行が11か国に13銀行あり、協力関係にあって年一回、大会を開いているとのことでした。

欧州の一角に同じような志をもった人々がいて、その人たちが私たちにエールを送ってくれていることに感激しました。

ボッフム市のGLSコミュニティバンク本店ビル前で

理事のトマス氏、ヴィリング氏と（GLSコミュニティバンク）

農場の風力発電（GLSコミュニティバンク）

NPOバンクの二つの危機

ヨーロッパの社会的銀行が市民の信頼を得て、実績を伸ばしていることに勇気づけられ、私たちも頑張ろうと決意を新たにしていたころ、思いもかけないことが進行していました。

①NPOバンクの出資金を「みなし有価証券」とする動き

私たちと同じように、市民が出資したお金を基に、市民事業やNPO活動などへの融資を行うのが目的の非営利金融のことを「NPOバンク」と呼んでいます。目的は、地域限定、女性支援、難民支援、生活困窮者支援、環境保全など様々ですが、ほとんどが「貸金業」で融資をしています。日本全国で20弱あり、北海道NPOバンク、未来バンク、東京コミュニティパワーバンク、天然住宅バンク、難民起業サポートファンド、全国女性シェルターネット、女性・市民コミュニティバンク、長野夢バンク、ムトス飯田市民ファンド、コミュニティ・ユースバンクMomo、ピースバンクいしかわ、はちどりBANK@とやま、信頼資本財団、もやいバンク福岡などです。

ところが、NPOバンクが危機に面していることを、NPO支援組織やNPO支援をしている公認会計士の加藤俊也氏から知りました。

2004年の証券取引法改正によりNPOバンクへの出資金が「みなし有価証券」として規制強化の対象になり、運営が困難になる恐れが生じるというのです。寝耳に水でした。

規制強化の背景として、その頃、高配当をうたうラーメンファンドやアイドルファンドなどが流行し、お金を集めたけれど返さないなどの問題が起きていました。これへの対応として政府は「金融商品取引法」を作ることにし、「みなし有価証券」(※)が設定されました。市民から出資を募っている非営利のNPOバンクへの出資も「みなし有価証券」として、毎年、年200万円かかるという公認会計士の監査を受けなくてはならないというのです。そんな経費は払えませんし、事業を継続することが困難になります。

このため、2005年に、NPOバンク当事者、NPO関係者、公認会計士、弁護士等が集まり「全国NPOバンク連絡会」を結成し、「金融商品取引法(旧証券取引法等)のNPOバンクの適用除外」を求めて活動を開始しました。

同年5月に、金融審議会会長あてに意見書を提出、7月に「NPOバンクを金融商品取引法から外す」フォーラムを開催、9月には「金融審議会金融分科会の〝中間整理〟に対する意見書」を提出しました。また、議員会館でそれぞれのNPOバンクの地元選出の国会議員にロビー活動を行う、怒涛の6ヶ月でした。

また、プロボノ(※)として、加藤公認会計士や、ビジネス法務を専門とする弁護士の

※みなし有価証券
金融商品取引法上の「有価証券」には該当しないが、これに準ずるものとして同法の対象となる一定の権利。

※プロボノ
職業上のスキルや経験を生かして取り組む社会貢献活動。

プロボノネットワークを立ち上げていた大毅氏などの若手弁護士たちが、金融審議会金融分科会委員へのNPOバンクの要請活動に付き添い、励ましてくれました。そして、大弁護士が米国の「慈善団体保護法」を調査し、「金銭配当をしないNPOバンクへの出資は金融商品に該当しない」と意見書を提出してくれたことは大きなインパクトでした。

これらが功を奏して、同年12月の金融審議会金融分科会の「投資サービス法（仮）に向けて」の提言の中で、「(出資配当をしない) NPOバンクの出資金は〝みなし有価証券〟から外すことが適当」となりました。この後、内閣府令で、非営利で出資配当をせず、金利（年）7.5％以下のNPOバンクは適用除外となりました。

②貸金業法等改正による規制強化

しかし、もう1つの危機がNPOバンクを襲ってきました。

消費者金融の高金利、テレビCMなどによる安易な借入誘導、簡単な審査、過剰な貸し付け、過酷な取り立てなどによって、多重債務者が構造的に発生し、破産や家庭崩壊などの悲惨な社会状況を生み出していました。貸し手である消費者金融業者は、都市銀行などから資金を低利で借入れ、巨額の利益を得ていました。都市銀行も多重債務者を作り出す手助けをしていたことになります。

この状況に対し、２００５年ごろから金融庁の「貸金業制度等に関する懇談会」でも、参入規制、規制強化の動きになっていきました。まず、多重債務の原因のひとつである出資法の上限金利（年29・２％）と利息制限法の上限金利（年15～20％）の間の「グレーゾーン金利」が撤廃されることになりました。また、高金利で悪質な業者が多い中小の貸金業者の数を減らすために、基本財産の５００万円から５０００万円への引き上げ、貸金業協会への強制加入、「指定信用情報機関（借入人の情報を全部入れ、借入人の返済能力を調査する）」への強制加入などが検討されはじめていました。また、「貸金業務取扱主任者」という国家資格制度が創設され、これを持った人がいないと営業できないこと、年10万円の会費の「金融ＡＤＲ（裁判外紛争解決制度）」（※）への強制加入などが検討され、一気に、たくさんのハードルが創設されることになりました。

これらの規制によって、ＮＰＯバンクの新規設立は困難になり、また、経費が増大することで、私たちも含めＮＰＯバンクの経営が危なくなることが十分想定されました。

※金融ＡＤＲ（裁判外紛争解決制度）
金融機関とのトラブルを裁判ではなく、紛争解決機関で解決をはかる制度。全ての金融機関の加入が義務づけられている。

貸金業法改正への適用除外活動開始

このため、他のＮＰＯバンクと共に、貸金業法改正へのＮＰＯバンクの適用除外、基本財産はこれまで通り５００万円にすること、慎重な審査を行っているＮＰＯバンクは指定信用情報機関への加入は必要なく免除すること、などを求める活動を始めました。

適用除外を求める要望書を、金融庁、金融担当大臣の秘書官、衆参両院の国会議員、金融制度審議会の委員、金融庁信用制度参事官室、自民党や民主党、国民新党に提出し、貸金業法改正によるＮＰＯバンクの危機を訴えました。さらにフォーラム「市民のためのバンクを救え」と題したフォーラムを開催し、市民やＮＰＯ関係者に訴えました。

ＮＰＯバンクは一部適用除外に。しかし、本来は支援する制度が必要

こうして金融庁と意見交換を重ね、２０１０年、改正貸金業法施行時に一部の適用除外を獲得することができました。また、内閣府令でＮＰＯバンクとは、「非営利、金利（年）7.5％以下で、融資先はＮＰＯ法17項目（当時）」と規定されました。さらに、出資配当しないＮＰＯバンクには「特定非営利金融法人」という名称が設けられました。

適用除外項目として、最低基本財産はこれまで通り５００万円、また、指定信用情報機関への加入の義務付けは必要なくなりました。

一方、貸金業務取扱主任者の配置や、貸金業協会への加入、金融ＡＤＲへの加入の適用除外は獲得できませんでした。これが、後に、じわじわとＮＰＯバンクを苦しめることになり、新しいＮＰＯバンクの設立が止まってしまいました。

幸い、女性・市民コミュニティバンクでは、理事長の向田、高岡事務局員の２名が貸金業務取扱主任者の試験に通り、事業を継続することができました。しかし、試験の合格率が２〜３割の貸金業務取扱主任者の配置の義務付けは、厳しい条件でした。

除外を求める運動の結果、出資では金融商品取引法、融資では貸金業法で「ＮＰＯバンクは適用除外」にすることができました。しかし、適用除外は「対症療法」であって、本来はＮＰＯバンクを地域社会に必要な金融と位置付け、育み、支援する制度が必要だと感じました。

米国では、政府の「ＣＤＦＩファンド」等により、金融ＮＰＯに資金が流れる仕組みを作っています。また、英国の「地域投資優遇税制」では、金融ＮＰＯへの投資額を毎年の所得税、法人税から控除（投資額分の５％、期間５年）されるなど、市民のお金が金融ＮＰＯに流れる制度がつくられ、助言や育成活動に国や地方政府から助成も行われています。

金融弱者に寄り添い、地域を拠点に融資を行っているＮＰＯバンクに資金が流れる仕組みが必要と感じました。

NPOバンクにふさわしい法律
「社会的（非営利）金融事業法」を作ろう

こうしたことを受けて、2011年1月、NPOバンク、NPOを支援する団体、NPO会計の税務の専門家、環境金融の研究者、生活困窮者等の救済支援団体、民間シンクタンクから有志が集まり、NPOバンクにふさわしい法律を作ろうと、「社会的（非営利）金融事業法（仮）」検討プロジェクトを立ち上げました。NPOバンクからは、向田が参加しました。

はじめに、自分たちの立ち位置は非営利・協同の金融機関であるとして、既存の協同組織金融機関（信用金庫、信用組合、労働金庫、農業協同組合など）の現状や機能を調査しました。具体的には、それぞれの根拠法や目的、監督機関や議決権、出資配当制限や最低限度、会員の出資限度、会員（組合員）資格、セーフティネット、業務（預金・貸出）、法人税率、事業税の標準税率、ディスクロジャー、外部監査などです。

そして、各NPOバンクの当事者に、この「社会的（非営利）金融事業法」案についてアンケートを実施し、回答を参考に、2012年に第1次法案を作成しました。

数回の検討を経て、金融当事者の範囲を広くとり、法律の目的を「地域における非営利事業者、低所得者等の自立等の公益活動等を行う者、一般金融機関からの借入が困難な者等に対して投・融資を行う『社会金融事業者』の円滑な運営と事業活動を促進することで、健全で持続可能な地域社会の発展に寄与する」としました。

法案では、「社会金融事業者」について、誰が、どんな基準で認定するのかなど、また自らを律するために命令や取り消しもできるようにしました。米国を参考に、国の財政的な支援については、出資や融資に関わる費用、事業活動のための相談・情報提供・専門家の派遣費用、人材育成のための補助等を記載しました。税の分野では所得税や法人税等の税制優遇、「社会金融事業者」への出資への減税を入れました。

この法案の立法の可能性について、民主党の国会議員の紹介で、内閣法制局と協議をするところまで行きましたが、この後政権交代になり、休止状態のままになってしまったのは、とても残念なことでした。

信用組合の設立は一旦休止し、名称を「女性・市民コミュニティバンク」に

2009年、出資金は1億2700万円、市民事業などへの融資の累計は110件、

3億9700万円になりました。設立して10年が経過し、活動が継続でき、発展できる活動・事業について検討した結果、二つを決断しました。

一つは、信用組合設立認可活動の休止です。デフレが長期化することが見込まれ、薄い利ザヤでは、当面、信用組合の設立や運営は困難と判断しました。今後、デフレからインフレに転じることが見込まれるようになった時に、再開することにしました。

もう一つは、法人格がない団体でも貸金業登録ができるようになったことから、融資をする貸金業WCBと女性・市民信用組合設立準備会を統合することにしました。名称は、「女性・市民コミュニティバンク（略称：WCA）」としました。

融資の伸びの鈍化と、政府の市民資本支援を考える

一方で、融資の伸びが鈍化しはじめました。要因の一つには、ワーカーズ・コレクティブによる市民事業の新規立ち上げが減り、そのための資金需要が減っていたことがあります。

ワーカーズ・コレクティブがコミュニティワークとして取り組んできたデイサービスなどの高齢者事業や保育事業には、営利企業も参入を始め競合状況になってきていました。

さらに、食の分野では安心な食材による手作りの配食サービスなどの採算が厳しくなり、次の事業展開に向かえず、事業を閉めた例も出てきました。また、WE21ジャパンも50店舗を超えた頃から、営利のリサイクルショップの台頭もあり、新規開設が少なくなっていました。

もう一つは、政府の全額出資による金融機関である日本政策金融公庫が、積極的にNPOへの融資を始めたことが挙げられます。非常に低い貸出金利が特徴です。

低金利という理由で、1回目は女性・市民コミュニティバンクから借りたけれども、2回目は金融公庫から借ります、という団体が出てきました。少しでも金利の低い金融機関から借りるという考えは、「市民がお金を出し合って、仲間に融資し助け合う金融」として設立した女性・市民コミュニティバンクにとって、残念なことでした。

日本政府は、市民事業を応援するとか、市民資本を応援するという考えはなく、潰そうという手ではないまでも、違う形で市民を無力化し、新しい試みを諦めさせるんだなということを実感せざるを得ませんでした。

女性・市民コミュニティバンクの継続・発展のために

3つの新しい取り組み

融資実績を積んできた女性・市民コミュニティバンクですが、他県の団体からの融資の相談や、1000万円以上の融資の打診、また、女性・市民コミュニティバンク会員から「融資に回していない出資金を社会的に意義のある団体に投資してはどうか」との意見が寄せられるようになりました。また、金融ADR負担金の年会費の値上げなど、規制強化に伴う経費が増え続け、「貸金業」以外での融資形態の検討の必要など、女性・市民コミュニティバンクとして、一定の方針、基準を出す必要がでてきました。

このため、2016年、外部有識者と理事による「市民金融の可能性を広げるプロジェクト」を立ち上げ、①投資の基準、②1000万円超の借入希望に応える方策、③今後の市民金融の形態の可能性、等についての3チームにより検討を行いました。

1年後、答申が出され、そのうち3つについて実践することにしました。

一つは、融資に回っていない出資金を社会的に意義のある活動・事業を行っている団体に投資する「社会的投資」の実施です。投資は元本保障ではないため、安全性を考え出資金の70％以内に抑えること、また、投資先は福祉や街づくりにつながる事業であること、投資期間が長くないものを基準にしました。これを受け、2018年、一般社団法人生活サポート基金の「生活困窮者や多重債務者の生活向上のための無担保・少額融資の原資」として募集のあった「個人再生ファンド匿名組合Ⅱ」に、1000万円2件の投資を実施しました。このファンドは、契約後3年経過後は解約可能となっています。

二つ目は、融資限度額の引き上げです。1000万円以上の借り入れ希望に対しての方策として、これまで女性・市民コミュニティバンクから融資を受けて問題なく返済されていて、今後も継続した事業運営が見込まれる団体の場合には限度額を1300万円に引き上げることにしました。

三つ目は近県のNPOなどへの融資です。これまでも長野県や山梨県のNPO法人やワーカーズ・コレクティブから融資の打診があったことを受け、近県で、生活クラブ生協の組合員が関わっている市民事業の立ち上げ・運営資金への融資について、慎重に審査の上、進めていくことにしました。

プロジェクト答申で困難ではないかとの判断があったのは、今後の市民金融の形態の可能性としての公益財団化と他のNPOバンクとの共同融資です。

公益財団は、当該の財団が定款で決めれば融資は可能で、貸金業以外で融資可能な形態として検討しました。しかし、会員のみに融資することは公益性（不特定かつ多数の者の利益の増進に寄与すること）に反するとして、公益財団は特定の会員に融資することはできないことが分かりました。また、公益財団にするには一般社団や一般公益法人を設立した後でないと認定申請できないことも分かりました。さらに、現在の出資金を、どういう形で貸付原資にできるのかも大きな問題でした。公益財団は、借り入れはできますが、出資金の受け入れはできません。これらのことがあって、公益財団化は無理だという結論になりました。

他のＮＰＯバンクとの共同融資の可能性については、ＮＰＯバンクごとに、融資限度額、融資期間、融資審査・決定の方法、貸付金の回収方法等がかなり違うということが分かり、困難と判断しました。

女性・市民コミュニティバンクを閉める決断

女性・市民コミュニティバンクの継続・発展のための方策を検討し、新しい試みも実践しましたが、決定的な収益向上を実現することはできませんでした。また、新規融資は少なく、今後拡大する見込みは薄いのではないかと判断しました。そこで、２０２０年の第12回総会において、２０２２年の貸金業登録更新は行わず、それ以降は「みなし貸金業者」として貸付金の回収のみを行い、２０２４年の総会をもって女性・市民コミュニティバンクの活動・事業に終止符を打つことを決定しました。

会員からは、「大変重い、しかし勇気ある決断だと思う。これまでのチャレンジの実績は素晴らしい」「女性・市民コミュニティバンクがあることで安心だった。終了は残念」「胸が痛む思い」「女性・市民コミュニティバンクに助けられたことを忘れない」「気持ちや夢だけでは実現できない女性の挑戦を支えてくれた」「女性・市民コミュニティバンクに参加したことを誇りに思う」など、「残念だが支持する」との意見をいただきました。

女性・市民コミュニティバンクの成果

あらためて、女性・市民コミュニティバンクの27年間の成果をあげてみます。

①手本のない中、日本で誰も行っていなかった「信用組合作り」に挑戦した

信用組合作りは、全く手本がありませんでした。１９９６年に調べた時点では、京都のタクシー会社が信用組合を作ろうとしているという話を聞きましたが、後に、断念されたことを知りました。

信用組合の設立について、聞きに行った神奈川県金融課の職員には関わったことのある人はいませんでした。申請する書類もありませんでした。設立を諦めさせるためと思えるような「指導」もたくさん経験し、信用組合関連の法令を読み込みながら、指摘された事項について、ひとつひとつクリアーするために努力しました。その力をくれたのは、出資してくれた方々、「女性・市民を中心にした相互扶助の透明性の高い金融機関」を作ろうと、設立に賛同してくれた市民がいたからです。

②「市民の金融への参加のさきがけ」となった

市民が金融に関わるなんてとんでもないと言われましたが、そうだろうか、自分たちが理想とする銀行がないのだったら作るのは当たり前ではないか、と始めました。それに賛同し、お金を出す人々がいて、貸金業登録をし融資して、回収して、その融資したお金をまた融資する。そういったこと全てを出資者に報告する金融を行いました。ＮＰＯバンクとしては2番目でしたが、あんな風にやればいいんだと他のＮＰＯバンクの設立を促したと思います。信用組合作りへの挑戦は後に続く人はいませんでしたが、市民の金融への参加のさきがけになったのではないかと思います。

③市民資本によって、市民事業の立ち上げ、拡大・再生産を支援できることを証明した

「市民がお金を結集（出資）」することによって、市民事業の立ち上げを支援したり、その事業の拡大、発展を支援することができました。この27年間での出資金は1億２０００万円。融資の累計は２０３件、６億８４８６万円です。貸したお金が戻ってきて、そのお金をまた、他の事業に融資するというお金の循環によって、出資金の約6倍の効果を生みだしました。

④透明性の高い金融を行うために、融資先をニュースレターやホームページで紹介した

透明性の高い金融をめざし、県金融課との折衝状況や、ぶつかった難問、融資先の情報などの活動状況を、ニュースレター（70回発行）やホームページで紹介しました。融資してくれた方が、自分のお金がどのように市民事業や教育資金として役に立っているか、お金の流れを目に見えるようにしました。

⑤慎重な審査により、貸倒れ、延滞は発生しなかった

融資審査メンバーに金融のプロは誰もいませんでした。しかし、ワーカーズ・コレクティブという働き方で市民事業を行ってきた人、長く経理に関わってきた人、議員を経験し法や制度を知っている人、生活クラブ生協等で地域活動を行ってきて多様なネットワークを持っている人など、多彩な人材が集まっていまし

取り組みや融資先について、ニュースレターで紹介。

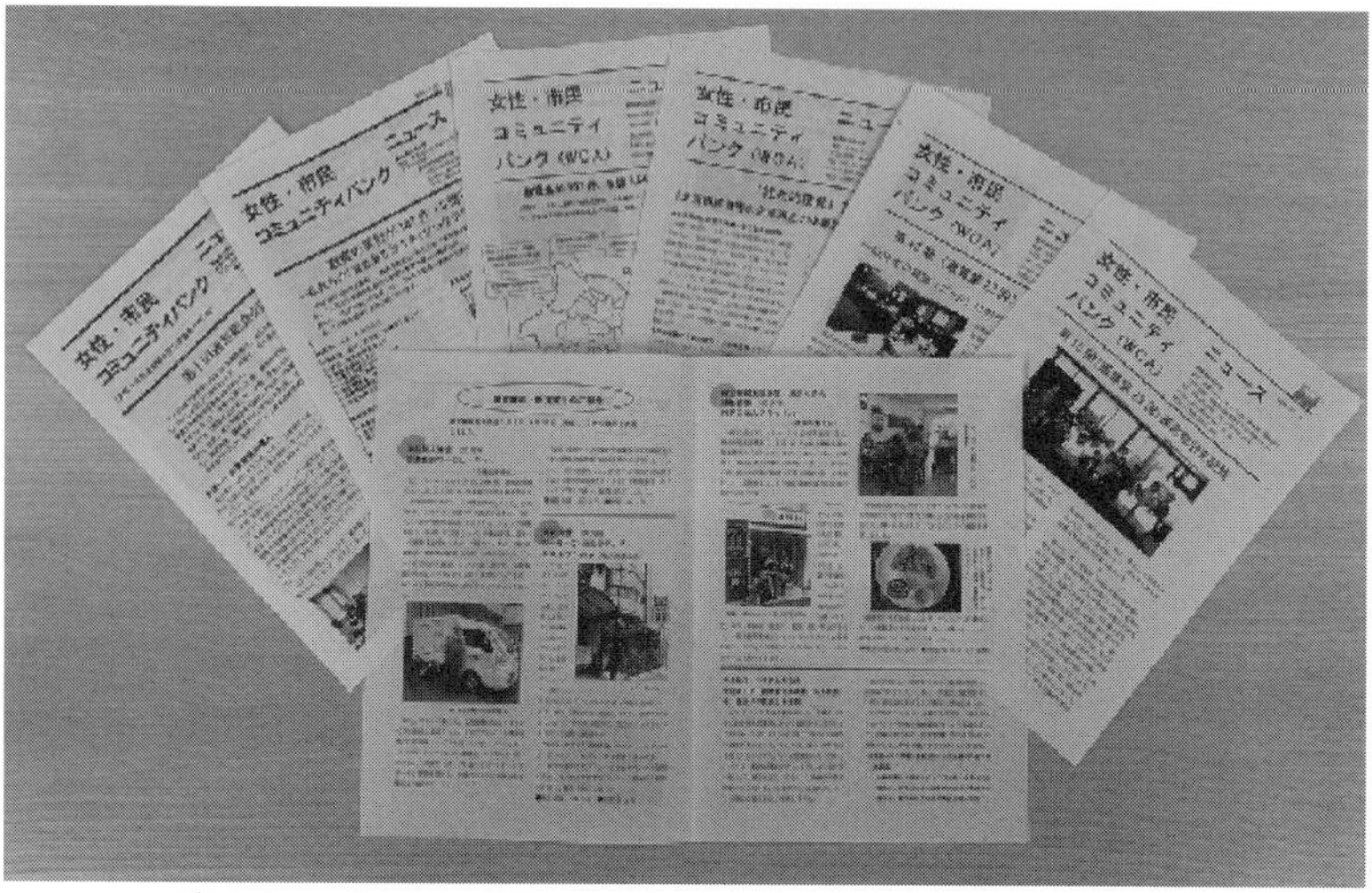

た。事前も含めて慎重な審査を行ったこと、緊張感を持って回収を行ったこと、また、融資を受けた方が、律義に返済して下さったことによって、数日の延滞はありましたが、貸し倒れは1件もありませんでした。

⑥金銭的リターンがなくても、社会的リターンに意義を見出す市民の存在を証明した

出資配当という金銭的リターンがなくても、社会的リターンに意義を見出す市民がいる、ということを証明できました。元本の保証がなくても、出資配当がなくても、自分が出したお金が社会の役に立つこと、女性たちのいろいろな市民事業を応援できるということに喜びを見出す人々の存在は、私たちに希望や勇気をもたらしてくれたと思います。

⑦他のNPOバンクと連帯して金融商品取引法、貸金業法の適用除外を獲得

他のNPOバンクのメンバーと連携・連帯して、金融商品取引法や貸金業法の適用除外を獲得することができました。NPOバンクの活動に共鳴し、専門家として、プロボノで調査や当局との折衝、政府の専門委員へのヒアリングや要請活動に帯同してくれた弁護士や公認会計士に感謝したいと思います。

私たちは金融機関作りには全くの初心者でした。お金の集め方も、貸付方法も、その時、その時に考え、話し合い、決定し、行動してきました。

その過程で、「資金的な力を束ねる」ことで「物事が動く」ことを実感しました。

そして、共通の理想や課題に向かって歩んだことで人間同士の信頼を生み出し、関わった人々に喜びをもたらしました。

これが「人間的な金融」の成果だと思います。

2

寄稿

―女性・市民コミュニティバンクにかかわった方々からのメッセージ―

「協同組合の原点」をしんくみ業界に思い起こさせてくれた女性・市民信用組合設立運動

大阪公立大学教授　由里宗之

女性・市民コミュニティバンクの向田映子さんとはじめてお会いしたのは、2003年7月、全国信用組合中央協会（全信中協）の「信用組合のあり方等に関する特別委員会」の会議の場であった。当時の信用組合業界は、バブル崩壊後の金融不安（金融機関の極度の業況悪化）ならびに金融監督当局（大蔵省、次いで金融監督庁、次いで金融庁）の監督厳格化の激動に見舞われ、真剣に「業界が存続しうる道」を模索し、上記「あり方委員会」もその重要な一環として設けられた。

2000年前後の女性・市民コミュニティバンク草創期については本誌の他の諸寄稿に豊富に語られていようが、「女性・市民信用組合（WCC）設立準備会」という当時の団体名が物語るように、それは一つの「信用組合（しんくみ）」を設立しようとする、熱のこもった運動であった。

小職は、全信中協の機関誌『しんくみ』に「昭和期しんくみのルーツとあゆみ」を長期連載中の自称「しんくみのヒストリアン」でもあるが、その「しんくみ史」の視点からも、WCC設立運動は大変注目に値するものであった。

そもそも「信用組合」の正式名称は「信用協同組合」である（中小企業等協同組合法第3条）。「資本（カネ）の力が圧倒的にものを言う」仕組みの社会にあって、そのような力を持たない側の多数の小零細事業者や一般市民が、「多数」であること、共に劣位に置かれていることを武器へと変換し、「相互扶助の精神に基づき協同して事業を行う」（同法第1条）ことにより「経済的地位の向上を図る」（同）のが「協同組合」である。それはヨーロッパを起源とし2世紀に及ぶ歴史を有し、多くの国で「資本主義の社会が『自由権を尊重する』社会でもある限り『組合設立・運営の自由権』もまた当然尊重されるべき」との法的位置づけを勝ち取ってきた。戦後GHQ改革の一環で生まれた日本の協同組合法制も、基本的には自由主義的なものとなっている。

「お金を通じた協同」を図るしんくみも、戦後、各都道府県が設立申請者たちの資質・熱意、そして地域の経済的要請を勘案し「要件を（なんとか）満たす」限り設立を認可し、その成長を支援すべく監督してきた。しかし1960年代半ば以降、「金融機関」的な規模へと成長したしんくみが増えるに従い、都道府県しんくみ行政の「元締め」であった大蔵省、そして少なからずのしんくみ自身が、前述の「協同組合の原点」から遠ざかり「（金融機関）経営主義」に傾いていった。

その「経営主義」が、組織の質的な充実や良いサービスではなく「量的拡大」に流れたしんくみもあり、そこに「土地担保主義」さらには「バブル経済」が重なって、しんくみ業界でも多数の組合がバブル崩壊の傷跡を深く負った。

ここで、話は冒頭の2003年「あり方委員会」に戻る。「協同組合の原点」を忘れてはいなかった心あるしんくみ業界人たちにあっては、WCC設立運動はまさに、その原点を鮮烈に思い起こさせてくれる希望の星であった。委員会の席上での向田代表の訴えに、自分たちのしんくみの半世紀前の設立趣意書の響きさえ重なったのではなかろうか。

しかしながら、折から「ペイオフ」（金融機関破綻時の預金保険「1千万円」上限制）の実施を控え、当時の金融行政は何よりも「預金を預かる金融機関の健全性」確保に腐心していた。しんくみに対しても「経営主義」的運営・財務的健全性の要請が最も強かった頃であり、「3年以内に単年度黒字達成」という設立認可条件のハードルはガチガチに堅かったものと思われる。

しんくみ設立は成らなかったとはいえ、確かにWCC設立運動は「協同組合の原点」の大切さをしんくみ業界人に思い起こさせた。「あり方委員会」の最終報告書には「信用組合は…仲間同士が『お金』を持ち寄って、助け合ったルーツを大切にし…」と「協同組合の原点」が明記された。また業界が2004年9月に発行した『信用組合史續々』は、「神奈川県下では、数年前から女性・市民を中心に相互扶助を目的とした非営利・協同組織の信用組合設立に向けた動きがある」と記したうえで、しんくみの新設認可につき（小職の言葉で言えば）「組合設立の自由権」をより尊重するよう、業界として監督当局に求めたことを記している（469-470頁）。

小職自身、元銀行員（現りそな銀行）であり、金融という世界では兎角「数字の実績」が前面に押し出されることはよく知っている。その面で女性・市民コミュニティバンクの「実績」を語ることも十分できようことは承知のうえで、「しんくみのヒストリアン」としてあえて、WCC設立運動への賛辞を込め、学生時代に出会い座右の銘としてきた英国の歴史家R・H・トーニーの言葉により、締め括りたい。

「慎重にものごとを批判しようとするものは……その人たちが達成したものに劣らず、その人たちが理想としてかかげたものによっても、判断しようとするであろう。」

（岩波文庫『宗教と資本主義の興隆（下）』1959年、221-222頁）

出資者からの声

これまで経験した中で一番大きなご褒美配当

稲葉博子（相模原市南区）

女性・市民コミュニティバンク設立当時の私は、当たり前のように貯蓄することが老後や教育など将来への備えに必要なことと、考えていました。そのお金がどこへ行き、何に使われているのか深く考えずに、駅前の大手銀行にただ貯蓄していました。

丁度その頃、障がい児を持った知人から「子供と一緒に働き続けられるパン屋を作りたい」また、高齢の両親を働きながら介護していた隣人からは「両親や近所の高齢者が昼間安心して過ごせる場所が欲しい」という身近な話を聞き、その思いを共に実現させられないものかと漠然と考えていました。

その時、自分のお金が社会や仲間たちに直接役立つ女性・市民コミュニティバンクという金融システムを、同じ思いの仲間が集まって実現する動きがあるということを知り、家族４人で出資しました。

高利回りを期待する通常の投資ではなく「自分のお金が地域の人に役立つ」「買うことのできない価値

を実感できた」という、これまで経験した中で一番大きなご褒美配当を女性・市民コミュニティバンクから受け取りました。また女性・市民コミュニティバンクへ融資したことで、自分が他の銀行に貯蓄しているお金の行き先を考えるきっかけにも繋がりました。これから女性・市民コミュニティバンクによって撒かれた沢山の種が小さな芽を出し、どんな実となり育っていくのか、お金の循環が果たす街づくりに期待したいと思います。

女の胆力

梅原真理子（横浜市青葉区）

「向田さんが金融（金貸し）を始めるらしい」と聞いて、「え？」。私にとっては全く関心のない世界だったけれど、〃向田さんがやるのなら〃と、その考えを聞く前から賛同していました。

私たちは、生活クラブ生協で「ゴミ」を資源化して削減する活動に取り組んでいました。彼女は仲間が信頼するリーダーでした。その活動は政治に繋がり、私たちは自分たちの「代理人」として、リーダーを横浜市議会へ送りました。大事な時に決意をする人でした。仲間の信頼は拡がり、揺るぎないものになっていました。多くの人は、その信頼に出資したのではないでしょうか？

そして同じように潔い女性たちが集って、非常識と言われた素人集団は立ち上がりました。金融を別の世界としていた私に、女性・市民コミュニティバンクはいくつもの気づきをくれました。預け方もその一つ。「知らないでいることは自分が望まないことに加担しているかもしれないのよ」と向田さんは言いました。

〃無ければつくる〃は生活クラブ生協のモットーだけれど、「金融業」には、多くの仲間が、まずは戸惑ったに違いありません。彼女の胆力がなかったら「女性・市民コミュニティバンク」は誕生していただろうかと思うのです。

女性・市民コミュニティバンクの活動から学んだこと

渡辺あつ子（川崎市宮前区）

川崎の市議会議員をしていた私は、向田映子さんから女性・市民コミュニティバンクに出資金を出す人を集めてと頼まれました。川崎の神奈川ネットワーク運動のメンバーや当時の神奈川ネットワーク運動の議員に声をかけ、一人30万円の出資を募りました。声をかけた相手からは、次々と出資金が集まりました。それまでも、廃油を集めて粉石鹸を作る川崎市民石けんプラント設立に賛同する大ぜいの市民の結集を見てきましたが、改めて、出資し集う、市民社会の力強さを学びました。

貸金業WCBを設立し、市民事業などへの融資が始まり、その後、私も融資審査委員を引き受けてからは、事業を始めるためにお金を借りて返していく市民の真面目さや力強さ、また貸す側としての責任も学びました。こうした運動に関わることで、市民が出資したお金が市民社会の中で回って行く力強さを実感しました。

融資審査委員会委員長として

審査する側も、融資される側も、誰もが感謝する機会になった

融資審査委員会 委員長　一色節子

今から25年前になるでしょうか、非営利の金融業を立ち上げようと向田さんを中心に呼びかけがあったのは。そのころ私は、神奈川ワーコレ連合会の理事長をしていて、出資金を出し、メンバーとなりました。当初、向田理事長の困難は非常に大きいものだったと思いますが、様々な分野の能力はそれを凌駕し、極めて順調に進めていけたのだと思いました。その能力のひとつに人を集められる、能力のある人に声をかけられるということが自然に出来ていたように思います。

融資審査委員長を私に打診された時は、とても引き受けることは困難だと思いましたが、「そうだ、審査委員のメンバーには、様々な分野から人が参加している、皆の力を借りれば大きな問題も解決できる」と思って引き受けました。私の出来ることは、ワーカーズ・コレクティブの組織を知っていること、リーダーを知っていることで、その団体の運営が前を向いているかどうか分かること、私の役目はそこにあるのだと考えました。

保育の団体への融資が最初でしたが、神奈川県下で50以上の店舗経営をめざしていたNPO法人WE21ジャパンへは数回にわたって融資を行いました。また、運送業を目指したワーコレ・キャリーの車の購入資金も合計すると多額になり、融資先があることの証明になったとともに、利息収入が事業運営に貢献してくれました。

その後、高齢者福祉や食の団体、他の団体からも融資申込みがあり、また、生活クラブ生協関係ではない保育や障がい者福祉の団体からも融資の問い合わせが数多く出てきましたが、向田さんと事務局は必ず取材にでかけました。そして、私たち審査委員会は、沢山の勉強もすることになりました。しかし、コロナが世の中のあり方、生き方を変えてしまいました。融資の申し込みも減少し、融資審査委員会の役目も殆ど必要ではなくなりました。

融資審査を通して多くの経験を積み重ね、自らの生き方の巾も拡がる様になりました。この委員会は、審査する側も、融資される側も、誰もが感謝する機会になったと思っています。

融資先からの声

●団体融資先（保育園関係）

感謝と誇り

NPO法人さくらんぼ　前理事長　伊藤保子

「使い勝手の良い保育園を作りたい」と保育事業をスタートさせたのは1998年。当時、女性である私たちに融資をしてくれる金融機関は全くありませんでした。当時の国民金融公庫も福祉領域である保育は対象外でした。金融の領域で市民事業や女性は周縁に置かれていたのです。その様な中、疑似私募債を募って、さくらんぼはスタートしました。園運営の中、絶対量の不足、無策に等しい行政の一時保育、家庭の子育てニーズを目の当たりにし、事業拡大を図っていきました。今では、地域子育て支援領域を網羅する事業規模となっています。

一番初めにスタートした保育室、ネスト

女性・市民コミュニティバンクが出来たことで社会の壁の一つが崩れました。それ以来、保育園の開設や、決して既存の金融機関では対応しない、制度の狭間にある事業にも融資をいただきました。

女性・市民コミュニティバンクがあったから、金融という社会の壁を越え、同じ思いの仲間と多様な保育や子育て支援が生み出され、保育制度を変えるという社会の変化の一端を担えたと思います。

本部のあるビル。1、2階は保育園、3階に短期居住施設JIKKAがある

1、2、3歳児の部屋

子どもたちの描いた絵

調理室

●団体融資先（高齢者福祉関係）

女性・市民コミュニティバンクの存在は、新しい一歩を踏み出す力になりました

NPO法人ワーカーズ・コレクティブたすけあいつるみ　理事　鶴田有希子

たすけあいつるみは1997年、家事介護ワーカーズ・コレクティブとしてスタートし、現在、訪問介護・居宅介護支援・通所事業を展開し25周年を迎えました。

この間、女性・市民コミュニティバンクから2回の融資を受けています。

訪問介護・居宅支援介護支援事業を続けていく中で、ヘルパー不足が問題となってきていました。

10周年を機に、「新たな事業展開をして若いメンバーを増やす！」を合言葉にプロジェクトを立ち上げ、2009年10月、通所介護小規模型「デイサロン ミント」を開所しました。事業種類の決定・場所探しから約2年かかりまし

コンビニを改装した、デイサロン　ミント

たが、その間に、契約、リフォーム（元コンビニ）、引っ越し様々な備品や車両の購入など、自己資金と出資金だけではとうてい足りず、女性・市民コミュニティバンクから最初の融資を受けることになりました。５００万円というそれまでにない金額を借り入れることに、会計担当理事として不安を感じたことを覚えています。とにかく早く返したくて、5年を3年に繰り上げて完済したほどでした。

2回目は地域密着型通所介護に移行するにあたり、リフォーム資金３５０万円の融資を受けました。こちらは毎月の返済を5年続けました。

女性・市民コミュニティバンクの存在は、新しい一歩を踏み出す力になりました。

●団体融資先（化学・環境分野関係）

現在も機械は元気に稼働、粉石けん「きなりっこ」粉砕機

NPO法人川崎市民石けんプラント　前理事長　**薄木かよ子**

１９８9年に市民出資のもと、市民事業として立ち上げた川崎市民石けんプラントは、33年の間、廃食油からのリサイクル石けん「きなりっこ」として資源循環の輪をひろげてきました。

当初から操業設備は中古品での対応でしたが、26年が経過した２０１４年には、粉石けんづくりに欠か

せない最終工程の「粉砕機」が、たびたびトラブルをおこすようになりました。そこで、新規の設備投資を決めましたが、総工費は723万円。大きな出費です。

総工費のうち、機械積立金より330万円、借入金を300万とし、不足分は当年事業から捻出することに決定しました。借入先は、女性・市民コミュニティバンクに決めました。市民がお金を出し合い、地域の市民事業に融資し、市民資本で目に見えるお金の流れを作り出す趣旨に賛同したからです。また私たちも市民事業であり、市民の経済力が市民事業に活かされる素晴らしい活動だと思いました。今までに事例がない皆様のご苦労とご活躍に心から敬意を表します。

おかげさまで、現在も機械は元気に稼働し、「きなりっこ」石けんを粉砕し続けています。

川崎市民石けんプラントの工場

石けん製造機

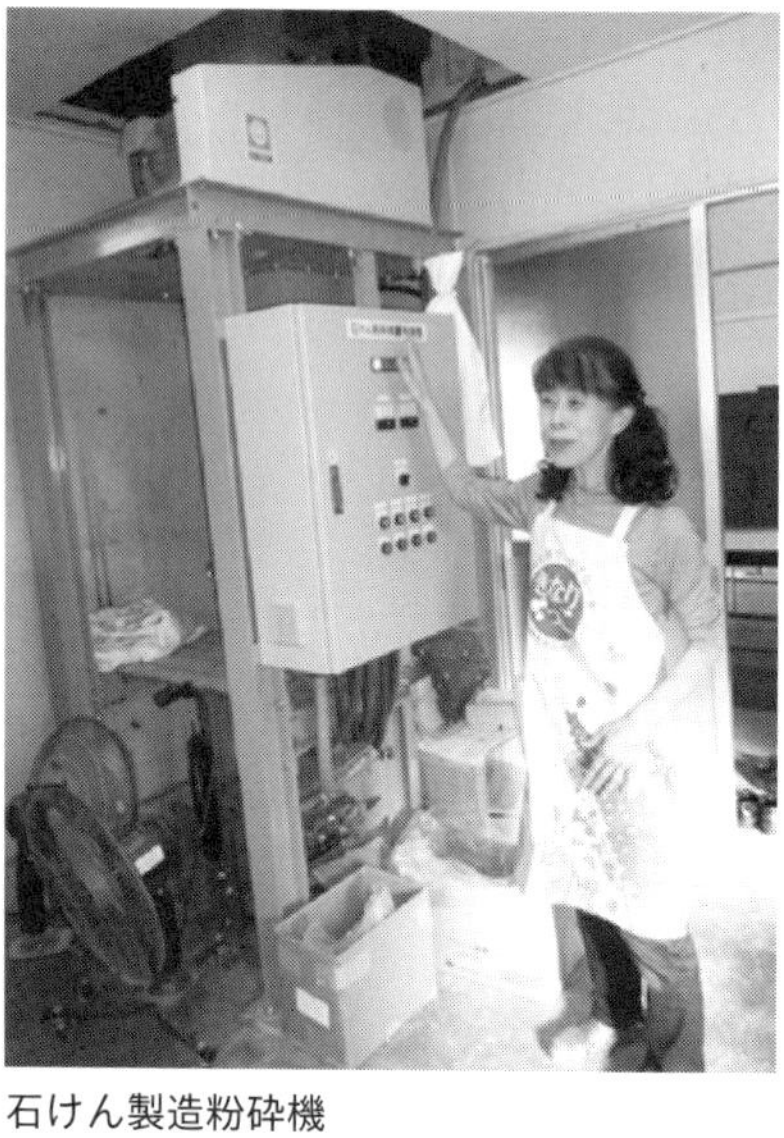
石けん製造粉砕機

●個人融資先（太陽光発電）

毎日の太陽の日差しが　我が家を電気で満たす幸せ

横浜市保土ヶ谷区　会員

国の太陽光発電の買電が始まって2年後の、２０１１年6月、女性・市民コミュニティバンクと㈱オルタスクエアとのコラボで始まった太陽光発電設置への融資に応募しました。

将来の年金生活を見越した、月々のランニングコスト削減の計画への思い切った投資でした。３１０数万円の費用のうち「ワーカーズ・コレクティブの運動グループ」で今後もずっと働き続けて返済できるだろうという信頼だけで（おそらく）審査に通り、２５０万の融資を受けとれたのです。銀行では前例のないオルタナティブな事例を実感した瞬間でした。

２０２１年までの10年間は、１ＫＷ48円という割の良い価格で、ほぼ電気代が0の生活ができました。元が取れたかという視点よりも、自然のエネルギーで暮らす心のゆとりが何よりの財産となりました。

売電が8割ほど安くなった現在でも、蓄電池に投資して今後の残り少ない人生のささやかな贅沢を味わう日々に感謝しております。

●個人融資先（教育ローン）

活動に感謝

横浜市神奈川区　会員

今から15年程前、2回お世話になりました。

当時、大学・高校・中学と3人の子供達の出費が重なりました。奨学金や、国の教育ローンを借入していましたが、それでも厳しく困っていた時に、メンバーから女性・市民コミュニティバンクのことを知りました。

女性がなかなか借りづらい中、自分の収入で少しずつ返済する事ができ、また、金利も低くとても助かりました。

そんな子供達も今は自立し、奨学金を返済しながら日々の仕事に頑張っています。結婚した息子には双子が生まれ、子育て奮闘中です。巡りめぐって助け合いですね。

この活動にとても感謝しています。

3

資料編

女性・市民バンク設立趣意書

1998年1月
女性・市民バンク（WCB）設立世話人会

【はじめに】

お金が日本をダメにしようとしています。

アメリカに次いで日本のバブルがはじけてから既に5年、金融に限らず、経済や社会、政治までもが急速に狂いはじめました。相次ぐ住専などのノンバンクをはじめとする金融機関の不祥事や倒産、「護送船団」を仕切ってきた大蔵官僚のモラルの凋落、百兆円を超えると言われる不良債権など、バブル崩壊にともなう日本金融システムの欺瞞性、脆弱性があらためて暴露されました。

その第一の原因は、都市銀行の利潤優先のモラル、金融政策の貧困、政治責任の回避など、政・財・官支配のトライアングルを駆使して日本を支配する人々と旧い金融秩序にあります。これでもかと後を絶たない野村証券や第一勧銀にみられるあきれるばかりの金融事件は氷山の一角と言われ、結局、国民は繰り返し、二重三重に大迷惑を受けているのです。しかし、この憂うべき事態については、戦後の数十年にわたり、なけなしの預貯金から金融システムの制御まで、プロ集団に委ねっぱなしにしてきた人々の生活態度や市民権のあり方を反省しなければなりません。

むなしいことですが、私たちの生活者・市民の立場を踏みにじって止まない主な問題点をいくつか列挙しました。

1　金融機関の専横は、国民と市民の預貯金を大量に扱いながら、主権に対していまだに相互牽制にもとづくアカウンタビリティ（説明して同意を獲得する責任）、ディスクロージャー（情報開示）を行なわず、いまだに「ブラックボックス」化を正当化しているところにあります。そして長期の低金利政策や、「住専問題」へのしわよせにみられたように、母体行を始めとする金融資本の無謀な利潤追求の社会的・政治的放任をゆるす関係を温存することこそ、巨大な損失を市民に押しつける原因なのです。アメリカでは、バブルの処理に政治をはじめ、様々な立場から数千人の金融犯罪者を告発して情勢負担や量刑によって、責任の所在を明らかにしたと言われています。

2　他方で、政府や地方自治体の財政は、景気の低迷のたびに国・公債を乱発した結果、借金残高総額が５００兆円近くに上り、毎年税収の４分の１以上を元利返済にまわさなければならないほど悪化してしまいました。孫・子につけをまわすことになる国・政府の借金政策を放置したまま、抜本的対案は示されていません。財政状態は、先進国中最悪のレベルにあるといわれ、因果関係不問のまま破綻が表面化しています。

3 現在、預貯金の金利が過去最低にまで引き下げられ、銀行は過去最高の業務収益をあげています。不良債権の穴埋めは、税と市民におわせるよう操作されています。この間、時代状況に合わなくなった社会保障制度改革が進まない一方で、６８５０億円の税負担を強行し、さらにこの預貯金の超低金利政策や消費税の拡大に続く医療・福祉での負担増によって社会的弱者の生活は大きな影響を受けたまま格差の拡大が続いています。

4 また、日本の金融機関は、国・政府である「公的・税金セクター」と「産業資本セクター」主導による「産業基盤整備政策」を中心軸となって推進し、今日の歪んだ産業化社会状況を生み出しました。それらをリードしてきた支配層は、非営利事業を行う協同組合やＮＰＯ、市民事業など「市民資本セクター」の特性である、個人の「参加と責任の増大」による「市民的自由」の形成を疎外し、軽視しつづけています。

5 これら一連の事態は、日本社会が肥大化したまま、お金の社会的管理に全く弱いことを示しています。したがって、これまでに経済・政治・行政の伝統的秩序を足場に根強く利益をあげてきた大企業や金融機関にも、その構造転換を拒んできた責任を、この際とってもらわなくてはなりません。

【女性・市民からの提案】

私たちは、いつまでも黙っているわけにはいきません。

生活者・市民を小馬鹿にしたこれら一連の事態は、このまま放置するのか、転換を試みるのか、態度を決めたいのです。私たち女性・市民が納得し合って力を合わせる方法として、お金による相互扶助の仕組みを検討してみました。

しかしこの間の状況から、その可能性は、金融に関する法・制度や霞ヶ関（大蔵省）の行政指導によって「普通の人々」の参入をがんじがらめにしばり上げていることが分かりました。

それでも私たちは見過ごす事をやめ、市民の、市民による、市民のための「非営利」「自主管理」の金融システムを立ち上げて、その社会化をめざすために、「女性・市民バンク」の設立を呼びかけます。

「女性・市民バンク」は、人々が「思いやり」「結びつき」「扶けあう」協同組合の相互扶助理念と「参加・分権・自治・公開」の運営原則を掲げ、「女性主導によるアマチュアリズム」を実践します。

1　会員は、出資金を出しあい、各々の預貯金をできるだけ納得性の高い金融機関を選び、ポリシー付き定期預金などに移し替えます。

2　生活者・市民の預金の意義を高めて集約し、ワーカーズ・コレクティブ運動・事業、多様な市民事業の貸付から生活資金の貸付まで、「市民資金」を活用しあって、コスト主義にもとづき「女性・市民バンク」の経営を行います。

3　「女性・市民バンク」の事業経営は、相互に理解しあえる金融機関と提携し、「無尽」や「講」のルールを現代化した「信用組合のシステム」を追及して行います。

4　女性主導のアマチュアリズムに基づき、個人資源（いくばくかのお金、知恵、労力、時間）の活用をはかって、女性の地位向上や市民事業支援、環境保全や地域福祉の活動に活かします。

5　各地に「女性・市民バンク」の設立を呼びかけ、ネットワークし合って合力を高めます。

以上、市民資金を融通しあい、扶け合って、「共有の未来」への希望を見いだし、自己実現をはかる大勢の心ある女性・生活者・市民の力強い参加を呼びかけます。

女性・市民コミュニティバンク定款

第1章　総　則

（目的）

第1条　この会は、地区内の女性を中心にした小規模事業者、ワーカーズ・コレクティブの人々、生活者・市民・勤労者その他協同事業体組織を会員とし、会員に対し、特定非営利活動法人法第2条第1項に係る事業に対する貸付を事業の主たる目的とする。

（名称）

第2条　この会は、女性・市民コミュニティバンクと称する。

第3条　この会は、次の事業を行う。

(1)　会員に対する生活及び事業の資金の貸付
(2)　社会的投資
(3)　啓発・広報及び情報提供
(4)　起業・経営に関する助言及び指導
(5)　前各号の事業に附帯する事業
(6)　その他前各号目的を達成するために必要な調査研究

（地区）

第４条　この会の活動の主たる地区は神奈川県一円とする。

（事務所の所在地）

第５条　この会は、主たる事務所を横浜市に置く。

（会員たる資格）

第６条　次に掲げる者は、この会の会員となることができる。

(1)　この会の主たる活動の地区内に住所又は居所を有する女性・市民

(2)　この会の主たる活動の地区内において事業を行う小規模の事業者及びワーカーズ・コレクティブ

(3)　この会の主たる活動の地区内において、事業を行う協同事業体及び勤労に従事する者

２　第１項の規定にかかわらず、この会の主たる活動地区以外の日本国内に住所又は居所を有する者又は事業を行う小規模の事業者及びワーカーズ・コレクティブで、女性・市民コミュニティバンクの主旨に賛同する者は、出資者としての立場においてこの会の会員になることができる。

第２章　会　員

（出資１口の金額及びその払込みの方法）

第7条　出資1口の金額は金１０００００円とし、原則として全額払込みとする。
2　特に会の了解を得た場合１００００円単位の分割払込みとすることができる。

（議決権の代理行使）

第8条　会員は、第23条の規定により、あらかじめ通知のあった事項につき、書面又は代理人をもって議決権又は選挙権を行うことができる。この場合、その会員の親族若しくは使用人又は他の会員でなければ、代理人となることができない。
2　代理人は、５人以上の会員を代理することができない。

（原始加入）

第9条　会員になろうとする者は、次に掲げる事項を記載した加入申込書をこの会に差し出し、その承諾を得なければならない。
(1)　引き受けようとする出資口数
(2)　この会の主たる地区内に住所又は居所を有する者は、
イ　氏名又は名称
ロ　住所又は居所
ハ　個人の場合は生年月日
ニ　事業者の場合は、第3号に掲げる事項

(3) この会の主たる地区内において事業を行う者は、
イ 氏名、名称又は商号
ロ 事業所の所在地
ハ 事業の種類
ニ 常時使用する従業員の数
ホ 法人及びワーカーズ・コレクティブにあっては、その資本の額又は出資の総額
(4) この会の主たる地区内において勤労に従事する者は、
イ 氏名
ロ 住所又は居所
ハ 勤務所の名称及び所在地
(5) 前(2)(3)各号は第6条3項による者にも準用する。
2 会員になろうとする者が法人及びワーカーズ・コレクティブである場合には、前項の加入申込書に定款又は規約等並びに役員の氏名及び住所等を記載した書面を添付しなければならない。
3 加入の申込みをした者は、その加入につき会の承諾を得て、引受出資口数に応ずる金額の払込みを了したときに会員となる。
4 この会は、会に加入しようとする者から加入金を徴収しない。

（サポート会費）

第10条　会員は、出資金の他に運営サポート年会費として一口千円・一口以上を納入することができる。

（記載事項変更の届出）

第11条　第9条第1項及び第2項に掲げる事項に変更が生じたときは、会員は、遅滞なく、会に届け出なければならない。

（自由脱退）

第12条　会員は、あらかじめ会に通知した上で、原則として事業年度の終わりにおいて会を脱退することができる。

2　前項の通知は、その旨を記載した書面をもってしなければならない。

（その他の脱退）

第13条　会員は、次の事由により脱退する。

(1)　会員たる資格の喪失

(2)　死亡又は解散

(3)　除名

(4)　持分の全部の喪失

(5) 5年以上にわたり音信不通の場合で、かつ、総会の承認を得た場合。但し、会員の所在が明らかになり申し出があった場合は出資金の返還を行う。

(除名)

第14条　会員が次の各号の1に該当するときは、総会の議決によって除名することができる。この場合においては、その総会の会日の10日前までに、その会員に対しその旨通知し、かつ、総会において弁明する機会を与えなければならない。

(1) 女性・市民コミュニティバンク貸付金の弁済、女性・市民コミュニティバンク貸付金の利子の支払又は女性・市民コミュニティバンクに対する手形債務の履行を怠り、期限後6月以内にその義務を履行しないとき。

(2) 法令若しくはこの定款に違反し、この会の事業を妨げ又は会の信用を失わせるような行為をしたとき。

(脱退者の持分の払戻し)

第15条　会員は、第12条又は第13条第1号から第4号までの規定により脱退したときは、その持分の払戻しを請求することができる。

2　前項の規定による払戻しの額は、原則として脱退した事業年度の終わりにおける会財産によって定める。ただし、会員の出資額を超えることはできない。

（出資口数の減少）

第16条　会員は、事業を休止したとき、事業の一部を廃止したとき、その他特にやむを得ない事由があると認められるときは、会の承諾を得て、その出資口数を減少することができる。

（経費の賦課）

第17条　この会は会員に経費を賦課することができる。

（使用料及び手数料）

第18条　この会は、別に定めるものについて使用料又は手数料を徴することができる。

第3章　役　員

（役員の定数及び選挙）

第19条　この会の役員は、理事5人以上10人以内とし監事1人以上2人以内とする。

2　役員は、総会において選挙する。

3　役員の選挙は、無記名投票によって行う。

4　前項の規定にかかわらず、役員の選挙は、総会の出席者中異議がないときは指名推薦の方法によって行うことができる。

（代表理事者）

第20条　この会に理事長1人、副理事長2人以内を置く。
2　理事長及び副理事長は、理事会の議決により理事のうちから選任し、理事長は理事会を代表する。
3　理事長はこの理事会の業務を統括する。

(理事会)

第21条　理事会は、理事長が招集する。
2　理事長に事故があるときは、副理事長が招集する。

(役員の任期)

第22条　役員の任期は、就任後2年以内、監事の任期は就任後2年以内のそれぞれの最終の決算期に関する通常総会の終結の時までとする。
2　補欠役員（定数の増加に伴う場合の補欠を含む。）の任期は、前任者の残任期間とする。
3　理事又は監事の全員が任期満了前に退任した場合において、新たに選任された役員の任期は、第1項に規定する任期とする。
4　任期の満了又は辞任によって退任した役員は、その退任により、第19条に定めた理事又は監事の定数の下限の員数を欠くこととなった場合には、新たに選出された役員が就任するまでなお役員としての職務を行う。

第4章　総　会

（総会の招集）

第23条　この会の通常総会は、毎年6月に招集する。

2　臨時総会は、必要がある時は何時でも招集することができる。

（総会招集の手続）

第24条　総会の招集は、会日の10日前までに、各会員に会議の目的たる事項、日時及び場所を記載した書面を発してしなければならない。

（総会の議事）

第25条　総会においては、前条の規定によりあらかじめ通知した事項についてのみ議決することができる。ただし、緊急の必要があると総会が議決した事項については、この限りでない。

2　総会の議事は、会員の半数以上が出席し、議決権の過半数で決するものとし、可否同数のときは、議長が決する。

3　前項の規定にかかわらず、次の事項は総会員の半数以上が出席し、その議決権の3分の2以上の多数による議決を必要とする。
(1) 定款の変更
(2) 理事会の解散
(3) 会員の除名

(総会の議決権)
第26条 会員は、その出資口数の多少に関わらず、各1個の議決権及び選挙権を有する。

第5章 経 理

(事業年度)
第27条 この会の事業年度は、4月1日より翌年3月31日までとする。

(剰余金の処分)
第28条 剰余金は、特別積立金及び次期繰越金としてこれを処分する。ただし、総会において議決したときは、その他の積立金を積み立てることができる。

(損失の処理)
第29条 損失のてん補は、特別積立金、第28条ただし書の規定によって積み立てた積立金の順序に従って行う。

（財産の分配法）

第30条　この会の解散（合併または破産による解散を除く。）に際しては、解散の議決に先んじて、第15条の規定による持分の払戻し（払戻しの額は、正会員が出資した金額を限度とする。）を行う。

2　解散時の残余財産は、非営利団体、特定非営利活動法人法第2条第1項に係る事業に対する貸付を事業の主たる目的とする団体又は国若しくは地方公共団体に寄付するものとする。

第6章　解　散

（解散）

第31条　この会は次の事由によって解散する。

(1)　総会の議決

(2)　破産

附　則

（施行期日）

1　この定款は、2009年1月31日から施行する。

2　2009年6月13日改定

3　2010年6月12日改定
4　2016年6月18日改定
5　2018年6月23日改定
6　2022年6月28日改定

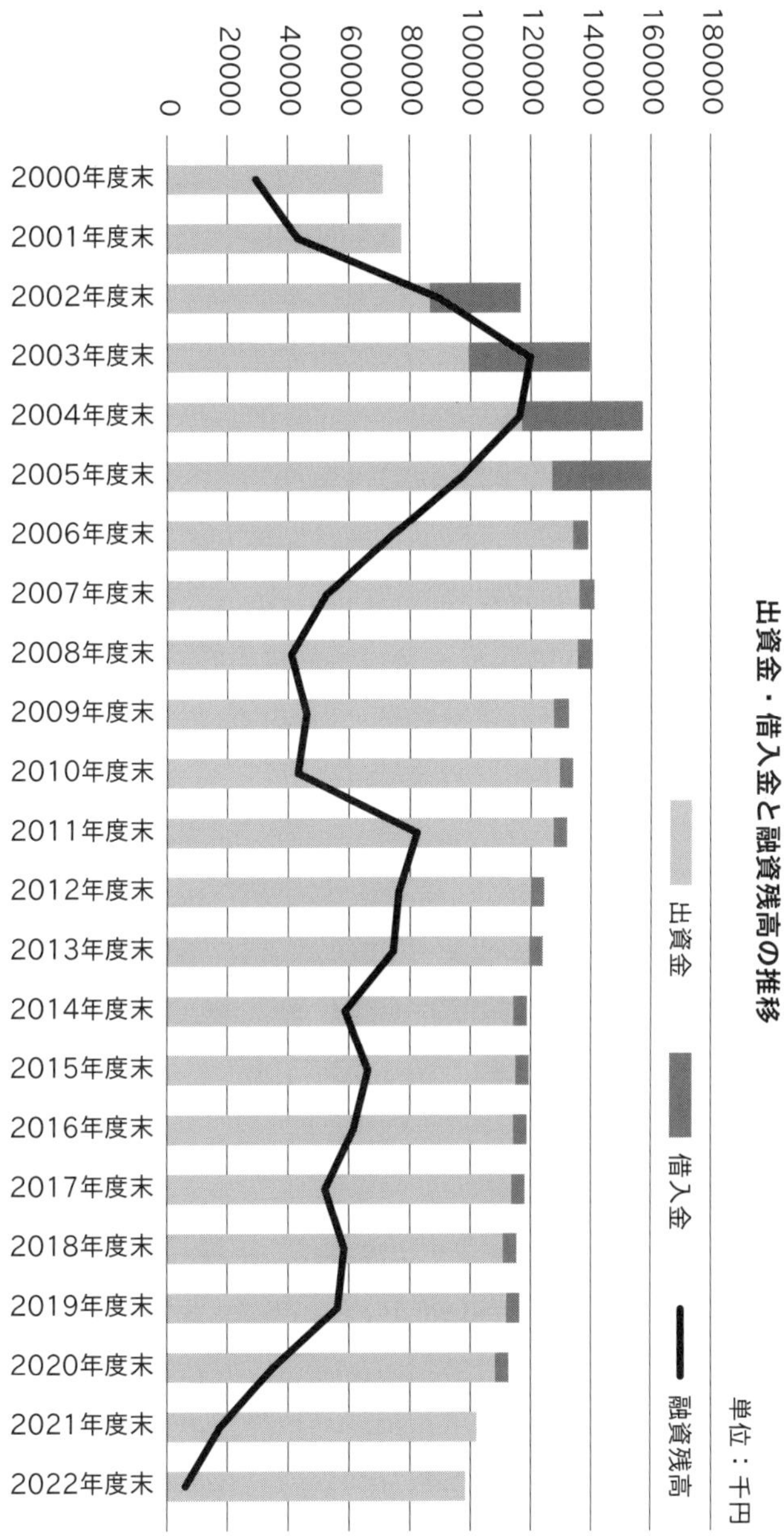
出資金・借入金と融資残高の推移
単位：千円
出資金
借入金
融資残高
0
20000
40000
60000
80000
100000
120000
140000
160000
180000
2000年度末
2001年度末
2002年度末
2003年度末
2004年度末
2005年度末
2006年度末
2007年度末
2008年度末
2009年度末
2010年度末
2011年度末
2012年度末
2013年度末
2014年度末
2015年度末
2016年度末
2017年度末
2018年度末
2019年度末
2020年度末
2021年度末
2022年度末

分野別融資金額

単位：千円

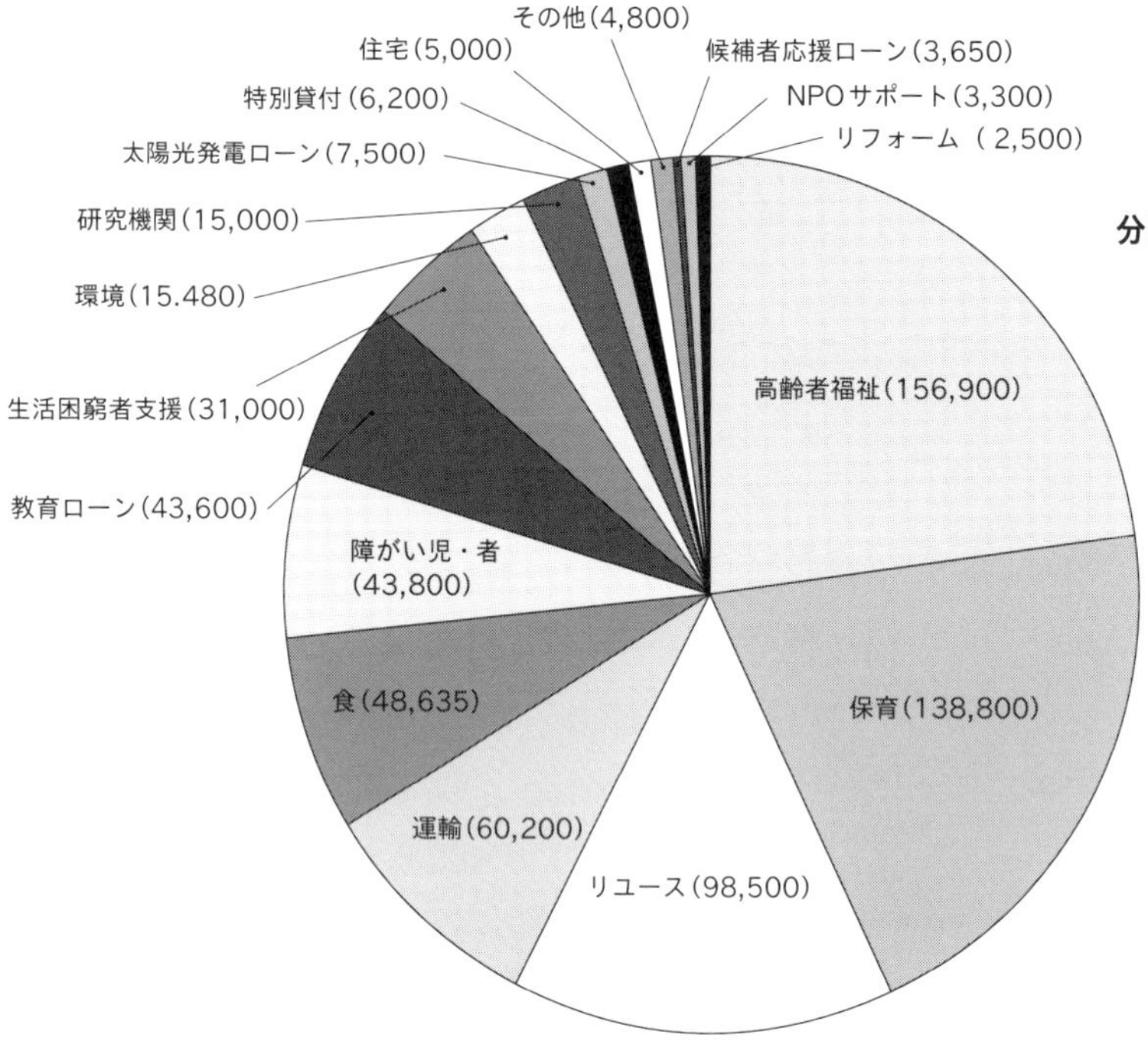
その他(4,800)
住宅(5,000)
候補者応援ローン(3,650)
特別貸付(6,200)
NPOサポート(3,300)
太陽光発電ローン(7,500)
リフォーム（2,500)
研究機関(15,000)
環境(15.480)
生活困窮者支援(31,000)
教育ローン(43,600)
高齢者福祉(156,900)
障がい児・者
(43,800)
食(48,635)
保育(138,800)
運輸(60,200)
リユース(98,500)

分野別融資件数

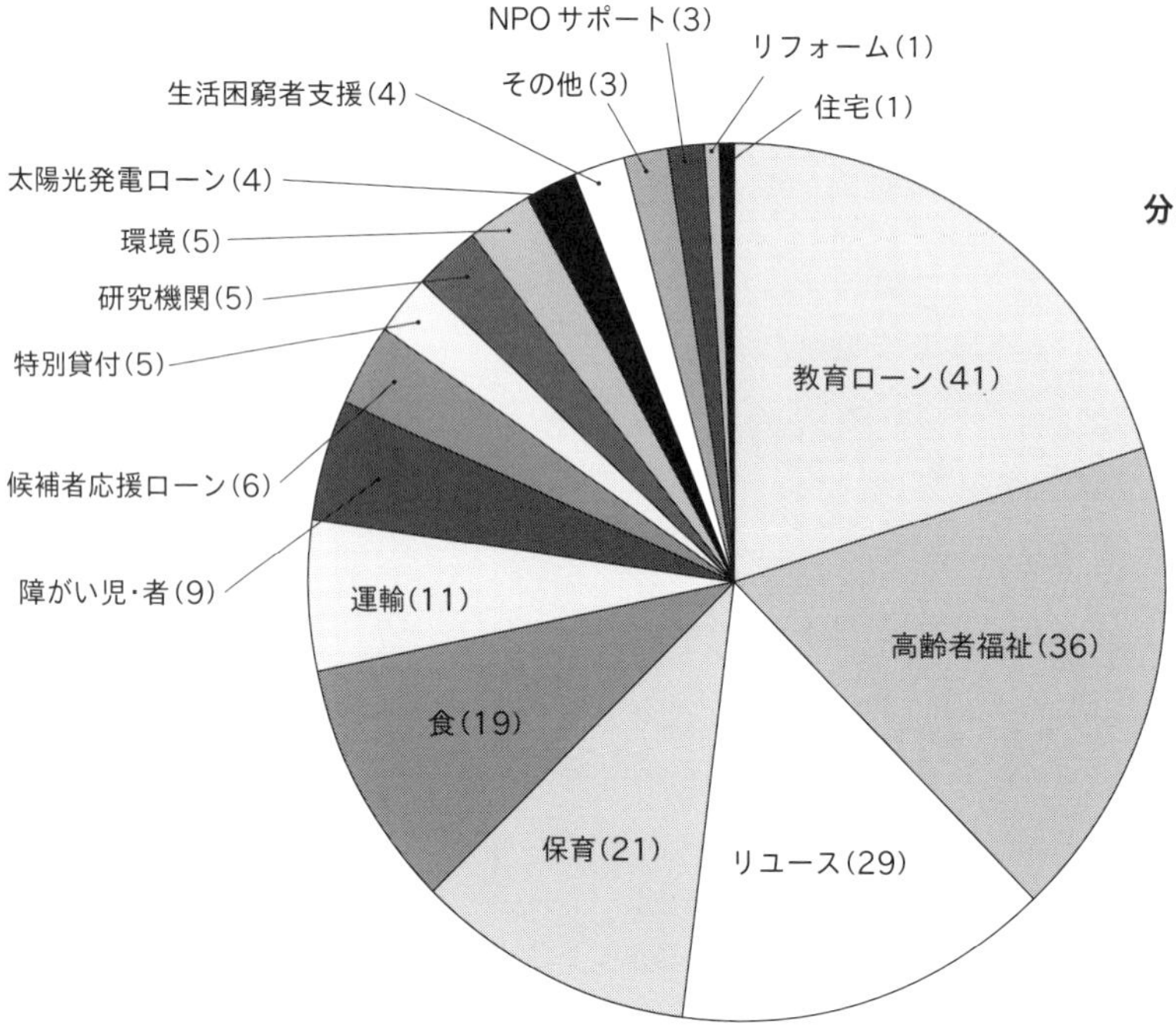
NPOサポート(3)
リフォーム(1)
生活困窮者支援(4)
その他(3)
住宅(1)
太陽光発電ローン(4)
環境(5)
研究機関(5)
特別貸付(5)
教育ローン(41)
候補者応援ローン(6)
障がい児・者(9)
運輸(11)
高齢者福祉(36)
食(19)
保育(21)
リユース(29)

女性・市民コミュニティバンク　年表

年代 西暦	女性・市民コミュニティバンク及び NPOバンク連絡会の動き	金融のできごと
1980年代		・バブル時代
1996年	・女性・市民バンク設立準備世話人会立ち上げ ・神奈川県金融課と意見交換	・バブル崩壊 ・金融不祥事、銀行経営の悪化、倒産、公的資金の注入、貸し渋り・貸しはがし
1998年	・「女性・市民バンク設立趣意書」作成 ・「女性・市民バンク」呼びかけ人会立ち上げ ・賛同者&出資金募集の開始 ・大蔵省銀行局中小金融課と意見交換 ・「貸金業WCB」登録 ・名称を「女性・市民信用組合設立準備会」に変更 ・神奈川県金融課と正式に折衝開始 ・「融資制度及び基準」「融資審査員会」制定 ・融資の募集開始	

	・第1号の融資実行	
1999年～	・マスコミの取材、NHK『クローズアップ現代』放映、大学の市民講師等	
2001年	・個人にも融資を開始	
2003年	・出資金1億円を超える ・融資累計51件、2億1800万円になる	
2004年	・不足資金を外部（生活クラブ生協、ワーカーズ・コレクティブ）から借入れ ・ドイツGLSコミュニティバンク現地調査	
2005年	・融資累計70件、3億円に達する ・NPOバンク連絡会設立に参加 ・金融商品取引法（旧証券取引法等）のNPOバンクの適用除外を求めて活動開始 ・NPOバンクは金融商品取引法の適用除外	・証券取引法改正 ・内閣府令でNPOバンクを規定
2006年	・貸金業への規制強化にNPOバンクの適用除外を求める活動開始	・金融商品取引法成立 ・貸金業制度の大改正、貸金業参入規制

２００８年	・貸金業規制強化から一部ＮＰＯバンクの適用除外に	
２００９年	・出資金1億２７００万円、融資累計１１０件、3億９７００万円に ・二つの組織「女性・市民信用組合設立準備会」と「貸金業ＷＣＢ」を「女性・市民コミュニティバンク」に統合	・銀行のカードローンの貸付残高の上昇、自己破産件数の増加
２０１０年	・ＮＰＯバンクは改正貸金業法の一部適用除外に	・改正貸金業法の完全施行
２０１１年	・「社会的（非営利）金融事業法（仮）」の検討	
２０１６年	・「市民金融の可能性を広げるプロジェクト」立ち上げ	
２０１７年	・「市民金融の可能性を広げるプロジェクト」答申	
２０１８年	・初めて「社会的投資」を実施	
２０２０年	・第12回通常総会で、２０２４年6月総会をもって解散することを決議	

向田映子

1946年東京生まれ、東京薬科大学卒。1976年横浜市に転居後リサイクル運動に取り組む。生活クラブ生協神奈川理事、横浜市議会議員（2期）神奈川県議会議員（1期）、1998年〜女性・市民コミュニティバンク（旧：女性・市民信用組合設立準備会）理事長。

編集委員会／林田亜希子、荻原妙子、木村真紀子、和田和子、向田映子

デザイン／林慎一郎（及川真咲デザイン事務所）

私《わたし》たちは市民金融《しみんきんゆう》を作《つく》った

お金《かね》を持《も》ち寄《よ》り、市民事業《しみんじぎょう》を支援《しえん》した1000人の軌跡《きせき》

女性《じょせい》・市民《しみん》コミュニティバンクの実践《じっせん》

2024年3月18日　発　行　　NDC338.5

著　者　女性《じょせい》・市民《しみん》コミュニティバンク理事長《りじちょう》　向田映子《むかいだえいこ》
発行者　小川雄一
発行所　株式会社 誠文堂新光社
〒113-0033 東京都文京区本郷 3-3-11
電話 03-5800-5780
https://www.seibundo-shinkosha.net/
印刷所　星野精版印刷 株式会社
製本所　和光堂 株式会社

ISBN978-4-416-92374-0